D1697009

Christine Kirbach | Prof. Dr. Andreas Gourmelon (Hrsg.)

Personalmanagement in Umbruchzeiten

Nomos

Die Deutsche Bibliothek verzeichnet diese Publikation in
der Deutschen Nationalbibliografie; detaillierte bibliografische
Daten sind im Internet über http://dnb.ddb.de abrufbar.

ISBN 978-3-8329-2642-7

1. Auflage 2007
© Nomos Verlagsgesellschaft, Baden-Baden 2007. Printed in Germany. Alle Rechte, auch die des Nachdrucks von Auszügen, der fotomechanischen Wiedergabe und der Übersetzung, vorbehalten. Gedruckt auf alterungsbeständigem Papier.

Inhaltsverzeichnis

Danksagung 7

Vorwort 9

EINFÜHRUNG UND ÜBERBLICK

Einleitung: Organisatorische Umbrüche und die Beiträge
des Personalmanagements ....
Christine Kirbach und Prof. Dr. Andreas Gourmelon 13

GRUNDLAGEN

Berufliche Flexibilität aus dienstrechtlicher Sicht ....
Prof. Dr. Helmut Schnellenbach 19

Psychologische Aspekte von Outsourcing im öffentlichen Dienst
Prof. Dr. Heinrich Wottawa 31

Wie Mitarbeiter berufliche Trennungsprozesse erleben:
Folgerungen für das Personalmanagement ....
Prof. Dr. Andreas Gourmelon 42

Personalfreisetzung: Gestaltungs- und Steuerungsaspekte für
den öffentlichen Sektor ....
Prof. Dr. Michael D. Mroß 51

Einsatzmöglichkeiten eignungsdiagnostischer Tools im Rahmen
der beruflichen Neuorientierung ....
Barbora Zimmer und Christine Kirbach 62

AUS DER PRAXIS

Personalwirtschaftliche Maßnahmen und Instrumente zur Förderung der Personalfluktuation bei der Stadtverwaltung Lünen
Rüdiger Freiberg 81

Strategische Haushaltskonsolidierung und Personalmanagement in der Stadt Halle ....
Jane Unger 92

Personalmanagement in der Bundesagentur für Arbeit – Von der Behörde zum modernen Dienstleister ....
Dr. Klaus Schuberth 105

Personalmanagement im Schulwesen im Wandel – Pädagogische Führungskräfte rücken in den Fokus ....
Prof. Dr. Stephan Huber und Maren Hiltmann 117

Umstrukturierungen gemeinsam gestalten – Erfolgsfaktoren der Zusammenarbeit zwischen Management und Betriebsräten in Zeiten des Wandels ....
Dr. Herbert Schaaff 132

Unternehmer im Unternehmen – besondere Karrierewege in Zeiten der Veränderung ....
Kerstin Koch 144

Autorenverzeichnis 157

Danksagung

Zeitgleich mit der Gestaltung des vorliegenden Werkes wurde ein gleichnamiges Symposium an der Fachhochschule für öffentliche Verwaltung Nordrhein-Westfalen initiiert, zu dessen Dokumentation dieses Herausgeberwerk dient.

Bei der Planung und Organisation des Symposiums sowie bei der Erarbeitung dieses Werkes sind die Herausgeber von einer Reihe von Unternehmen und Personen unterstützt worden. Wir bedanken uns herzlichst bei den Referenten und Referentinnen sowie Autoren und Autorinnen. Weiterhin gilt unser besonderer Dank – in alphabetischer Reihenfolge – Frau Dominique Bender M. A., Frau Dipl.-Psych. Jessica Bogner, Herrn Dr. Matthias Ulbrich-Herrmann und Frau Dipl.-Verwaltungswirtin (FH) Melanie Zimmer.

Auch die Sponsoren haben zum Gelingen des Symposiums beigetragen:

- eligo GmbH, Bochum
- perbit Software GmbH, Altenberge
- TDS AG, Neckarsulm

Vielen Dank auch an die Mitarbeiter des Nomos-Verlages für die vertrauensvolle und effektive Zusammenarbeit.

Den Lesern und Leserinnen wünschen wir eine anregende Lektüre und ggf. viel Erfolg bei der Vermeidung betriebsbedingter Kündigungen.

München und Erlangen im Dezember 2006   *Christine Kirbach*
und *Andreas Gourmelon*

Vorwort

Das Personalmanagement der deutschen Kommunalverwaltungen steht vor interessanten Veränderungen und neuen, anspruchsvollen Herausforderungen. Die Strategie des Personalmanagements muss sich an den Rahmenbedingungen orientieren, die sich aus den organisationspolitischen Entscheidungen der deutschen Kommunalverwaltungen ergeben.

Veränderungen der organisationspolitischen Entwicklungslinien zeichnen sich durch die europäische Rechtsentwicklung zu den »Dienstleistungen im allgemeinen nicht wirtschaftlichen Interesse« und die demografische Entwicklung ab.

Geht man von den vier idealtypischen Grundkonzepten für die kommunale Organisationspolitik aus

- Modell 1:   »Traditionelle Leistungsverwaltung«
- Modell 2:   »Ausgebauter Konzern Kommune«
- Modell 3:   »Schlanke Gewährleistungskommune«
- Modell 4:   »Kommune im Netzwerk«,

so gibt es gute Gründe für die Annahme, dass die Modelle 1 und 2 der »eigenproduzierenden Leistungsverwaltung« dauerhaft gesehen in vielen kommunalen Dienstleistungsfeldern Einschränkungen erfahren werden.

Mehrere letztinstanzliche Entscheidungen des Europäischen Gerichtshofs, die sich mit dem Vorliegen so genannter In-House-Geschäfte zu befassen hatten, haben die Voraussetzungen für die Nichtanwendung des Vergaberechts und das daraus resultierende Recht, Leistungen an kommunale Beteiligungsgesellschaften ohne Ausschreibung zu vergeben, deutlich eingeengt. Vereinfacht lässt sich festhalten, dass In-House-Geschäfte nur noch dann zulässig sind, wenn der Auftraggeber über die produzierende Einheit eine ähnliche Kontrolle ausübt wie über eine eigene Dienststelle (Kontrollkriterium) und die Einheit ihre Tätigkeit im Wesentlichen für den/die öffentlichen Auftraggeber und Anteilseigner ausübt (Wesentlichkeitskriterium). Die Gründung gemischtwirtschaftlicher Unternehmen (unter Beteiligung privater Unternehmen) ist nach wie vor möglich, sodass de jure nicht in die Organisationshoheit von Kommunen eingegriffen wird. Ob de facto jedoch gemischtwirtschaftliche Unternehmen noch Sinn machen, wenn sie sich um jeden kommunalen Auftrag einzeln bewerben müssen, steht auf einem anderen Blatt. In vielen Kommunen entsteht auf jeden Fall der Eindruck, dass sich die Zahl der ihnen offenstehenden organisationspolitischen Alternativen verringert hat.

Auch das Spektrum der vergaberechtsfreien Formen der interkommunalen Zusammenarbeit hat sich durch Entscheidungen des EuGH verengt. Unproblematisch sind nach wie vor Zweckverband, interkommunale Eigengesellschaft und delegierende öffentlich-rechtliche Vereinbarung. Unklar ist die Lage demgegenüber bei öffentlich-rechtlichen Vereinbarungen, bei denen die auftragserteilende Kommune ihre Zuständigkeiten und Kontrollrechte nicht vollständig aufgibt. Da diese den Großteil der interkommunalen Zusammenarbeit ausmachen dürften, wurde hier eine weitere wichtige organisationspolitische Option eingeschränkt oder zumindest mit großen Unsicherheiten belastet. Über Insourcing- oder Rekommunalisierungsprojekte wird vor dem Hintergrund dieser Entwicklungen mittlerweile öffentlich und engagiert diskutiert – z. T. auch schon gehandelt.

Neben diesen kurz- oder mittelfristig zu erwartenden Auswirkungen muss und wird die demografische Entwicklung in der Republik langfristig Auswirkungen auf die Möglichkeit der Kommunalverwaltungen haben, in ausreichendem Umfang qualifiziertes Personal zu gewinnen, um die kommunalen Dienstleistungen selbst zu erbringen.

Unterliegt die deutsche Kommunalverwaltung im Wettbewerb der Dienstleister um die besten Köpfe, stehen organisationspolitische Optionen, die auf eine eigenproduzierende Kommunalverwaltung setzen, nicht mehr zur Verfügung. Dann wird vor allen Dingen die Frage zu beantworten sein, welche Qualifikationen und Mitarbeiterprofile für die verbleibenden organisationspolitischen Konzepte benötigt werden. Zum Beispiel muss eine Kommunalverwaltung, die weitestgehend auf die Initiierung, Koordinierung und Steuerung des Dienstleistungsangebotes für den Bürger setzt, bei den wenigen dann in der kommunalen Kernverwaltung verbleibenden Akteuren andere Anforderungen formulieren als bisher.

Die Kernaussage lautet: »Die kommunalen Dienstleistungen – unabhängig davon, ob sie in der kommunalen Kernverwaltung, in Eigen- oder Beteiligungsgesellschaften, durch Unternehmen, freie Träger, in Zweckverbänden oder Anstalten öffentlichen Rechts oder sonst wie durch die Kommunalverwaltung gewährleistet erbracht werden – müssen in ihrer Gesamtheit in die von der Kommune gewollte Richtung gesteuert werden.« Grundlage für diesen Anspruch sind der Bürgerauftrag und die demokratische Legitimation der kommunalen Vertretungskörperschaften, verbunden mit der verfassungsrechtlichen Garantie der kommunalen Selbstverwaltung.

Die Anforderungsprofile für die künftigen Mitarbeiter der Führungsebene und der operativen Ebene in der Kommunalveraltung und damit die kommunale Strategie zur Personalentwicklung müssen sich in Abhängigkeit von den jeweiligen organisationspolitischen Entwicklungslinien an dieser Kernaussage orientieren.

Die Notwendigkeit für Veränderungen wird regional, sektoral und nach Größenklassen und Typen der kommunalen Gebietskörperschaften differenziert mit unterschiedlicher Geschwindigkeit erkennbar werden. Gerade schleichende Prozesse aber bergen im Gegensatz zu plötzlich eintretenden Ereignissen die Gefahr in sich, dass die Notwendigkeit steuernder Eingriffe erst zu einem sehr späten, möglicherweise zu späten Zeitpunkt akzeptiert wird.

Derzeit kann man den Eindruck gewinnen, dass dieser Umbruch zwar theoretisch wissenschaftlich betrachtet wird. Konzepte, die Lösungsvorschläge unterbreiten, die Ideen enthalten, wie Mitarbeiter, deren Positionen entfallen, weiterhin Beschäftigung finden können und wie konkret die Anforderungen an die zukünftigen Mitarbeiter aussehen, finden derzeit wenig Diskussionsforen.

Die Umstrukturierung des öffentlichen Sektors ist jedoch bereits in vollem Gang und eine wissenschaftliche Diskussion muss einerseits die Perspektive des Dienstherren, andererseits aber auch die Perspektive des Mitarbeiters berücksichtigen.

Gedanken zum »Personalmanagement in Umbruchzeiten« sind jetzt gefragt. Hier setzen die Beiträge der Autoren des vorliegenden Herausgeberwerks an. Aus verschiedenen Blickwinkeln heraus setzen sie sich mit den sich aus den avisierten Änderungen ergebenden vielfältigen Aspekten auseinander.

Köln, im Dezember 2006
Ulrich Potthast,
Finanzvorstand
Kommunale Gemeinschaftsstelle
für Verwaltungsmanagement
(KGSt)

Einleitung:
Organisatorische Umbrüche und die Beiträge des Personalmanagements

Christine Kirbach und Prof. Dr. Andreas Gourmelon

Viele Beschäftigte im öffentlichen Sektor sehen sich mit einer für sie neuartigen Situation konfrontiert. Hatten sie bislang die Vorstellung, ein Arbeitsplatz im öffentlichen Dienst sei sicher, erkennen die Mitarbeiter und Mitarbeiterinnen nun in zunehmenden Maße, dass der Arbeitsplatz- und Stellenabbau nicht nur mehr Randbereiche mit gering qualifiziertem Personal, sondern nahezu jeden treffen kann. Besonders müssen dies diejenigen Beschäftigten empfinden, die in finanzschwachen Ländern, Kommunen und anderen Institutionen tätig sind. Ein Auslöser für den Arbeitsplatz- und Stellenabbau ist das Bemühen der öffentlichen Hand, die Haushaltskonsolidierung auch über den Abbau von Personalausgaben zu betreiben. Aber auch andere Faktoren – wie z. B. die Aufgabenkritik, die durch neue Informationstechniken bedingte Reorganisation von Arbeitsabläufen, die geänderten Anforderungen der Bürger an den »Staat« – bewirken, dass der Job nicht mehr derselbe bleibt. Die Stelleninhaber sind vielfältigen organisatorischen Veränderungen und Umbrüchen ausgesetzt, deren Folgen für den Einzelnen mehr oder weniger schwerwiegend sein können. Während auf der einen Seite die Übernahme neuer Aufgaben, die Veränderung alter Arbeitsabläufe, die Zusammenarbeit mit neuen Kollegen auf viele Beschäftigte zwar problematisch (für manche auch herausfordernd), aber nicht wirklich bedrohlich wirkt, ist auf der anderen Seite die Versetzung in weit entfernte Regionen oder gar die Beendigung des Beschäftigungsverhältnisses potenziell existenzgefährdend.

Diese Veränderungen zu begleiten und sinnvoll zu gestalten ist eine der Herausforderungen für die Personalarbeit. Ausgehend von der skizzierten Situation widmet sich das vorliegende Werk der Frage, wie das Personalmanagement in diesen Umbruchzeiten handeln kann. Die Ziele des Personalmanagements sind dabei folgende:
- notwendige Veränderungsprozesse realisieren, Vorgaben der Legislative oder von Aufsichtsbehörden beachten,
- Verständnis für die Veränderungsprozesse bei den betroffenen Mitarbeitern herbeiführen,

- unnötige Härten für das Personal vermeiden, personalwirtschaftliche Maßnahmen nur unter weitestgehender Berücksichtigung der individuellen Mitarbeiterinteressen durchführen,
- die Motivation des verbleibenden Personals sowie die Leistungsfähigkeit der Organisation aufrechterhalten,
- die oft auch vorhandenen Chancen zur Verbesserung der Arbeitsbedingungen nutzen.

Die Beiträge dieses Buches geben dem Leser Hinweise, wie diese Ziele im Alltag verwirklicht werden können.

Der Dienstrechtsexperte Prof. Helmut Schnellenbach erläutert die Modelle möglicher Handlungsformen des Dienstherren – wie Versetzung, Abordnung, Umsetzung – und weist auch auf die Schranken dieser Maßnahmen hin.

Die Psychologen Prof. Dr. Heinrich Wottawa und Prof. Dr. Andreas Gourmelon beleuchten die Seite der Beschäftigten. Dabei geht Professor Wottawa von der Ruhr-Universität Bochum auf die Gründe des Outsourcings ein und erläutert die Veränderungen der Organisationskultur, die Folge des Outsourcings sein können. Im Mittelpunkt des Beitrags von Professor Gourmelon stehen die psychische Situation der Beschäftigten und die Konsequenzen, die das Personalmanagement hieraus ziehen sollte.

Aus Sicht der Betriebswirtschaftslehre plädiert Prof. Dr. Michael D. Mroß in seinem Beitrag dafür, die Verwendung der Ressource Personal nicht lediglich zu verwalten und arbeits- bzw. dienstrechtlich abzuwickeln, sondern entsprechend seiner wirtschaftlichen Bedeutung zu gestalten und zu steuern, sprich ein Management zu betreiben.

Vor dem Hintergrund notwendiger Neuorientierung von Mitarbeitern in veränderten, beruflichen Situationen stellen die Psychologinnen Barbora Zimmer und Christine Kirbach Methoden und Instrumente zur Potenzialerfassung und Unterstützung der beruflichen Neuorientierung vor. Gleichzeitig beschreiben sie die psychologischen Aspekte einer solchen Umorientierung und besprechen mögliche Lösungswege für die Betroffenen.

Dr. Klaus Schuberth berichtet von den Erfahrungen der Bundesagentur für Arbeit in einem sehr umfassenden Reformprozess sowie über eingeleitete personalwirtschaftliche Maßnahmen. Aus der Sicht des Praktikers beschreibt Rüdiger Freiberg aus Lünen eine Reihe von möglichen Initiativen zur Minderung von Personalkosten. Jane Unger stellt die Bemühungen der

Stadt Halle zur Konsolidierung des Haushalts dar und geht dabei auf die Folgen für die Beschäftigten ein.

Prof. Dr. Stephan Huber und die Psychologin Maren Hiltmann befassen sich in ihrem Beitrag mit der veränderten Rolle und der Bedeutung von Schulleiterinnen und Schulleitern angesichts des Wandels in Fragen der Steuerung und diskutieren daraus entstehende Konsequenzen in Bezug auf das Personalmanagement.

Am Beispiel des Sozialmanagements von T-Systems Enterprise Services erläutert Dr. Herbert Schaaff, wie durch Zusammenarbeit von Unternehmensführung und Betriebsräten gemeinsame und tragfähige Lösungen für notwendige Umstrukturierungen in die Wege geleitet und umgesetzt werden können.

Die HR-Managerin Kerstin Koch schildert Umstrukturierungsprozesse innerhalb der Bayer MaterialScience AG und bespricht die sich daraus ergebenden veränderten Anforderungen an Führungskräfte. Anhand der »Entrepreneur Days« schildert sie, wie die konzernweit Potenzialträger identifiziert und Anforderungen an eine Führungspersönlichkeit in einem Tochterunternehmen vermittelt werden.

Grundlagen

Berufliche Flexibilität aus dienstrechtlicher Sicht

Prof. Dr. Helmut Schnellenbach

1. Aufgabenstellung

Die Darlegungen dieses Beitrags dienen im Wesentlichen vorgegebenen Zwecken, die vorangestellt werden:
- Sie sollen erstens den allgemeinen dienstrechtlichen Rahmen für Personalveränderungen abstecken.
- Zweitens ist es ein Anliegen des Verfassers, die Strukturen und die Anwendungsbereiche der für Personalveränderungen in Betracht zu ziehenden dienstrechtlichen Instrumente aufzuweisen.
- Drittens – und abschließend – wird in bündiger Kürze auf die Rechtsschutzmöglichkeiten der jeweils Betroffenen eingegangen.

2. Hergebrachte Grundsätze des Berufsbeamtentums

Was den dienstrechtlichen Rahmen für Personalveränderungen angeht, so wird er in der Hauptsache schon durch Art. 33 Abs. 5 GG bestimmt und zugleich begrenzt. Die »hergebrachten Grundsätze des Berufsbeamtentums« führen hier zu Konturen folgenden Inhalts:[1]
- Konstitutiv ist zunächst die Unterscheidung zwischen dem Amt im statusrechtlichen Sinne und dem Amt im funktionellen Sinne. Unter dem Amt im statusrechtlichen Sinne ist die durch die Zugehörigkeit zu einer Laufbahn und Laufbahngruppe, die besoldungsrechtliche Einstufung und die Amtsbezeichnung charakterisierte Rechtsstellung des Beamten zu verstehen. Mit dem Amt im funktionellen Sinne – genauer: im *konkret*-funktionellen Sinne – ist der dem Beamten bei seiner Beschäftigungsbehörde übertragene Kreis von Aufgaben angesprochen.
- Das Amt im statusrechtlichen Sinne kann prinzipiell nur im Wege der Ernennung, d. h. durch mitwirkungsbedürftigen Verwaltungsakt, oder durch disziplinarische Zurückstufung geändert werden. Hingegen hat der Beamte kein Recht auf einen unveränderten und ungeschmälerten Einsatz auf einem einmal zugewiesenen Dienstposten, selbst wenn dessen Zuschnitt

---

1 Vgl. z. B. BVerfGE 70, 252 (266); BVerwGE 60, 144 (150); 65, 270 (272f.); 87, 310.

besondere berufliche Chancen in sich birgt oder finanziell anderweit vorteilhaft ist.
- Der Beamte kann jedoch zum einen verlangen, dass ihm mit dem statusrechtlichen Amt zugleich ein konkret-funktionelles Amt übertragen wird. Zum anderen kommt es ihm zu, grundsätzlich seinem jeweiligen Status entsprechend verwendet zu werden. Dies schließt es freilich nicht aus, Beamte vorübergehend mit unterwertigen Aufgaben zu betrauen, lässt es aber nicht zu, dass ihnen gegen ihren Willen eine Beschäftigung oder eine Wahrnehmung übertragener Aufgaben überhaupt vorenthalten wird, es sei denn, im Einzelfall sind die tatbestandlichen Voraussetzungen für ein Verbot der Führung der Dienstgeschäfte erfüllt.

Art. 33 Abs. 5 GG ist allerdings im Zuge der Föderalismusreform dahin novelliert worden, dass dem Gesetzgeber expressis verbis hinsichtlich der »hergebrachten Grundsätze des Berufsbeamtentums« nunmehr eine »Fortentwicklungspflicht« aufgetragen worden ist. Welche – erwünschten oder unerwünschten – Innovationen sich aus dieser vermeintlich harmlosen Ergänzung des Verfassungstextes im Laufe der Zeit ergeben könnten, lässt sich noch nicht einmal annäherungsweise abschätzen. Nicht wenige kundige Betrachter sehen die Existenz der »hergebrachten Grundsätze« mittelfristig insgesamt als gefährdet an, sodass das eben vorgetragene Konzept in Mitleidenschaft gezogen werden könnte.

3. Grundmodelle möglicher Handlungsformen des Dienstherrn

Vor dem Hintergrund der skizzierten »hergebrachten Grundsätze« haben Bund und Länder durch einfach-gesetzliche Regelungen nach und nach eine Reihe von personalrechtlichen Handlungsformen geschaffen und nicht selten auch modifiziert, mit denen auf jeweils unterschiedlichen Handlungsbedarf reagiert werden kann. Ob und wie sich die Föderalismusreform hier – auch angesichts veränderlicher personalwirtschaftlicher Bedürfnisse – auswirken wird, ist kaum prognostizierbar. Besorgnisse in Richtung eines künftigen weitgehenden Konzeptverlustes könnten sich vielleicht deshalb als unbegründet erweisen, weil sich die konkurrierende Gesetzgebung des Bundes nach Art. 74 Abs. 1 Nr. 27 GG n. F. immerhin auf »die Statusrechte und -pflichten« (auch) der unmittelbaren und mittelbaren Landesbeamten erstreckt.

Vor der Darstellung der einzelnen Handlungsformen mit ihren Voraussetzungen und ihren Rechtsfolgen sollen die maßgeblichen Strukturelemente genannt werden. Es sind dies
- erstens die Merkmale
  - Identität oder Wechsel des Dienstherrn sowie
  - Identität oder Wechsel der Beschäftigungsbehörde;
- zweitens die Unterscheidungskriterien
  - Fortsetzung der Tätigkeit im In- oder Ausland sowie
  - Fortsetzung der Tätigkeit bei einer öffentlichen oder einer nicht öffentlichen Einrichtung;
- drittens der Gesichtspunkt der Dauer einer anderweitigen Beschäftigung.

Beurlaubungs- und Vorruhestandsvarianten sind hierbei außen vor gelassen, obwohl sie für die Bewältigung von Personalproblemen, namentlich für einen Personalabbau, in Umbruchsituationen – sei es auch nur als Notlösungen – schon erhebliche Bedeutung erlangt haben und auch zukünftig wieder erlangen können.

4. Versetzungen

Bei der Versetzung, auf die nun näher eingegangen werden soll, handelt es sich nach dem allgemeinen dienstrechtlichen Sprachgebrauch um die – auf Dauer angelegte – Übertragung eines statusadäquaten Aufgabenkreises bei einer anderen Behörde desselben Dienstherrn oder eines anderen Dienstherrn. Mit der Versetzung braucht kein Ortswechsel verbunden zu sein. Der Beamte muss auch nicht in eine neue Planstelle eingewiesen werden; er kann seine bisherige Planstelle »mitbringen«.

Die Zuweisung eines Dienstpostens, d. h. eines Amtes im konkret-funktionellen Sinne, bei der aufnehmenden Behörde ist kein Essential der Versetzungsverfügung. Sie erfolgt vielmehr gewöhnlich – ohne dass deswegen ein Verwaltungsakt erginge – durch die neue Behörde des alten oder des neuen Dienstherrn.

Auch in der neuen Behörde hat der Beamte freilich grundsätzlich Anspruch auf einen Dienstposten, der, wie schon angedeutet, seinem statusrechtlichen Amt entspricht. Eine Versetzung stellt sich deshalb als rechtswidrig dar, wenn sie nach Lage der Dinge von vornherein auf eine nicht nur vorübergehende unterwertige Beschäftigung hinausläuft. Entsprechendes gilt, wenn dem Beamten mit der Versetzung ausdrücklich oder der Sache nach eine längerfristige Untätigkeit oder auf nicht absehbare Zeit eine Minimalbeschäftigung angesonnen wird, die bei wertender Betrachtung einer Untätigkeit gleichsteht.

Nicht zuletzt, wenn man beispielsweise die Entwicklungen bei der Deutschen Telekom AG würdigt, erscheint dazu eine ergänzende Bemerkung angezeigt: Zwar verpflichtet das Beamtenrecht des Bundes und der Länder Beamte, die nicht die Befähigung für eine andere Laufbahn besitzen, in der sie künftig – letztlich – verwendet werden sollen, an »Maßnahmen für den Erwerb der neuen Befähigung teilzunehmen«; diese Maßnahmen müssen indessen der Versetzung »vorgeschaltet« werden. Anders ausgedrückt: Die Versetzung darf erst danach, nämlich nach einer erfolgreichen Teilnahme, vorgenommen werden. Die Überstellung von Beamten an eine mit organisatorischer Selbstständigkeit ausgestattete Arbeitsvermittlungs- und Qualifizierungseinheit begegnet überdies, wenn man sie am rechtlichen Muster der Versetzung misst, noch einem weiteren Bedenken: Die Bindung der betreffenden Beamten an die Einheit soll nach Sinn und Zweck nur interimistischen Charakter haben; von Dauer soll erst die – nach einer möglichst kurzen Verweilzeit in der Einheit – im günstigen Fall wieder erreichte eigentliche Beschäftigung in einem neuen (internen oder externen) Sach- und Organisationsbereich sein.

Grundlegende tatbestandliche Voraussetzung einer Versetzung, die sich in der Regel aus einer Weg- und einer Zu-Versetzung zusammensetzt, ist, falls sie nicht auf Antrag des Beamten erfolgt, ein »dienstliches Bedürfnis«. Es kann sich insbesondere aus der allgemeinen Personallage im ganzen Dienstzweig, bei der bisherigen Dienstbehörde oder bei der aufnehmenden Behörde oder aus der vollständigen Auflösung einer Dienstbehörde herleiten. Bei der vollständigen Auflösung einer Behörde liegt die Notwendigkeit einer Weg-Versetzung der Behördenangehörigen auf der Hand. Nur bei der Zu-Versetzung kommt Ermessen zur Geltung.

Ein schlichtes »dienstliches Bedürfnis« reicht allerdings nicht in allen Fällen aus, um den Beamten ohne seine Zustimmung zu versetzen. Unter Umständen,
- vornehmlich bei einer regelwidrigen Versetzung in ein unterwertiges Amt im Bereich desselben Dienstherrn oder
- bei einer aufgenötigten Versetzung zu einem anderen Dienstherrn,

sind besondere, darüber hinausgehende »dienstliche Gründe« erforderlich, die eine weitere Verwendung des Beamten in seinem bisherigen Amt aus organisatorischen Gründen praktisch oder rechtlich unmöglich erscheinen lassen. Mit Rücksicht auf den ausgeprägten Schweregrad derartiger Eingriffe in die Rechtsstellung des betroffenen Beamten sind die – in den Beamtengesetzen selbst nicht präzisierten – Schranken zu beachten, die einer Versetzung solchen Inhalts im Lichte des Art. 33 Abs. 5 GG einerseits und des Verhältnismäßigkeitsgrundsatzes andererseits – im Einzelfall gar ausschlaggebend – entgegenstehen können.

Stets ist jedoch auch eine Maxime in die Erwägungen einzubeziehen, die das Bundesverwaltungsgericht[2] auf die griffige Formel gebracht hat, dass sich im Zusammenhang mit der notwendigen Auflösung oder Umbildung einer Behörde »aus der bisherigen Rechtsstellung des einzelnen Beamten keine Einschränkungen der Organisationsgewalt des Dienstherrn ergeben können«. Umstritten ist es, ob der tarifvertragliche Ausschluss betriebsbedingter Kündigungen durchbrochen werden darf, um Beamte weiterbeschäftigen zu können.[3] Der Autor möchte in diesem Kontext zugleich der in der Kommentarliteratur[4] vertretenen Ansicht ausdrücklich beipflichten, dass »ein noch so dringender Bedarf des neuen Dienstherrn« für die Zu-Versetzung des Beamten nicht ausreicht, um den in einer Versetzung gegen dessen Willen liegenden Eingriff in seine Rechtsstellung zu »rechtfertigen«.

Die Versetzung in den Dienstbereich eines anderen Dienstherrn bedarf im Übrigen der Einverständniserklärung des aufnehmenden Dienstherrn. Das Einverständnis mit der Versetzung eines Beamten aus einem anderen Bundesland kann unter anderem mit der Begründung versagt werden, dass dessen Vorbildung nicht den bundesrechtlich festgelegten Mindestanforderungen genüge. Welche Konsequenzen mittelfristig daraus resultieren könnten, dass das Laufbahnrecht mit der Föderalismusreform in die Gesetzgebungszuständigkeit der Länder gefallen ist, wird sich noch zeigen. Bei der Sachverständigenanhörung des Rechtsausschusses des Deutschen Bundestages und des Ausschusses für Innere Angelegenheiten des Bundesrates zur Föderalismusreform[5] war es überwiegende Ansicht, dass die Zuständigkeitsverlagerung beim Laufbahnrecht – wie auch bei Besoldung und Versorgung – eher zu einer Stagnation oder gar zu einem Rückgang als zur Belebung eines im Kern erwünschten Personaltransfers zwischen den Ländern beitragen werde.

5. Abordnungen

Durch die Abordnung wird dem Beamten vorübergehend bei einer anderen Dienststelle seines Dienstherrn oder bei einer Dienststelle eines anderen Dienstherrn ein anderes Amt im konkret-funktionellen Sinne übertragen. Der Mindest- oder Höchstzeitraum für eine Abordnung ist von Gesetzes wegen nicht allgemein festgelegt.

Immerhin lässt sich aus den gesetzlichen Regelungen ablesen, dass selbst ein Abordnungszeitraum über fünf Jahre hinaus mit Zustimmung des Be-

---

2 BVerfGE 87, 310 (317).
3 Vgl. dazu *Badura*, DÖV 2006, 753 (759) m. w. Nachw.
4 *Plog/Wiedow/Lemhöfer/Bayer*, BBG, § 26, Rn. 31h (a.E.).
5 Siehe dazu den Stenographischen Bericht über die Anhörung am 17.5.2006, S. 43 ff., 272 ff.

amten nicht von vornherein ausgeschlossen ist. Eine Fünfjahreshöchstgrenze ist einzuhalten, wenn der Beamte ohne seine Zustimmung zu einem anderen Dienstherrn abgeordnet wird, falls seine neue Tätigkeit einem Amt mit demselben Endgrundgehalt auch einer gleichwertigen oder anderen Laufbahn entspricht. Hingegen darf eine Abordnung gegen den Willen des Beamten zwei Jahre nicht übersteigen, sofern die neue Tätigkeit nicht seinem Statusamt oder nicht einmal einem Amt mit demselben Endgrundgehalt entspricht.

Die dienstrechtliche Zugehörigkeit des abgeordneten Beamten zur bisherigen Stammdienststelle besteht im Kern fort; sein dortiger Dienstvorgesetzter bleibt auch für die beamtenrechtlichen Entscheidungen über die persönlichen Angelegenheiten des Beamten zuständig, soweit diese nicht untrennbar mit dessen dienstlicher Tätigkeit bei der neuen Beschäftigungsbehörde zusammenhängen. Dem Behördenvorstand der Dienststelle, an die der Beamte abgeordnet ist, fallen Dienstvorgesetztenfunktionen (mit anderen Worten) nur insoweit zu, als es sich um tätigkeitsbezogene beamtenrechtliche Entscheidungen wie z. B. Urlaubsgewährung, Dienstbefreiung oder Erteilung einer Aussagegenehmigung handelt.

Auch die Abordnung hängt – wie die Versetzung – von einem »dienstlichen Bedürfnis« oder in Ausnahmefällen von besonderen »dienstlichen Gründen« erheblichen Gewichts ab. Sie kann sich unter anderem anbieten, wenn eine vorübergehende Über- oder Unterbesetzung auszugleichen ist. Der Charakter eines nicht auf Dauer angelegten Akts ist auch gewahrt,
- wenn die Abordnung der – noch ungewissen – Bewährung dient, sofern sie am Ende der Erprobungszeit aufgehoben werden oder in eine Versetzung einmünden soll, oder
- wenn sie bestimmungsgemäß mit dem bevorstehenden Eintritt des Beamten in den Ruhestand endet.

Mit der rechtlichen Konstruktion einer Abordnung würde es sich nicht vertragen,
- den Beamten zum einen aus seiner bisherigen Beschäftigungsbehörde endgültig auszugliedern und
- ihn zum anderen etwa zum Zweck seiner Weiterqualifizierung und Weitervermittlung vorübergehend bei einer neuen rechtlich verselbstständigten Organisationseinheit »zu parken«.

Eine Rechtsfigur, die einen derartigen – zwischen Versetzung und Abordnung stehenden – Vorgang erfassen würde, kennt das geltende Beamtenrecht nicht.

6. Umsetzungen

Ändern sich Status, Dienstherr und Beschäftigungsbehörde nicht, wird dem Beamten aber – behördenintern – vorübergehend oder auf Dauer ein anderes Amt im konkret-funktionellen Sinne übertragen, so spricht man unter Anlehnung an die personalvertretungsrechtliche Terminologie von Umsetzung. Das Bundesverwaltungsgericht[6] hat die Umsetzung wie folgt gekennzeichnet: Sie sei »zu der Vielzahl der im einzelnen nicht normativ erfassten Maßnahmen zu rechnen, die zur Erhaltung und Gewährleistung der öffentlichen Verwaltung unerlässlich sind.« »Ihrem objektiven Sinngehalt nach« falle sie unter die Anordnungen, welche die dienstliche Verrichtung eines Beamten betreffen und sich in ihren Auswirkungen auf die Einheit beschränken, der er angehört. Der Gesetzgeber habe die Voraussetzungen der Umsetzung – anders als diejenigen der Versetzung und der Abordnung – gesetzlich nicht geregelt. Dies spreche mindestens mittelbar dafür, »dass auch er die Umsetzung als innerorganisatorische, die Individualsphäre des Beamten nicht notwendigerweise berührende Maßnahme wertet«.

Die Änderung des Aufgabenbereichs eines Beamten durch nicht personenbezogene Organisationsverfügung stellt das Bundesverwaltungsgericht[7] zutreffend der Umsetzung gleich: Was für die Übertragung eines neuen Dienstpostens gilt, muss erst recht gelten, wenn die Arbeitszuteilung in Bezug auf den bisherigen Dienstposten, der dem Beamten als solcher erhalten bleibt, nur teilweise abgewandelt wird.

Die Rechtsprechung[8] knüpft die Umsetzung lediglich an das tatbestandliche Erfordernis, dass »der Aufgabenbereich des neuen Dienstpostens ... dem abstrakten Aufgabenbereich des statusrechtlichen Amtes« entsprechen müsse. Seien sodann »einschlägige Rechtsvorschriften, etwa des Personalvertretungs- und des Schwerbehindertenrechts beachtet worden«, so könne die Rechtmäßigkeit der Umsetzung nur auf »Ermessensfehler« überprüft werden. Dies bedeutet, dass etwa die Frage eines »dienstlichen Bedürfnisses« – anders als bei Versetzung und Abordnung – in den Bereich der Ermessensausübung verlagert ist. Ein »dienstliches Bedürfnis« dürfte indessen auch bei der Umsetzung unverzichtbar sein, weil die Maßnahme andernfalls willkürlich und deshalb ermessensfehlerhaft wäre. Im Übrigen sind dem Dienstherrn bei der Handhabung des Ermessens »grundsätzlich sehr weite Grenzen gesetzt«. So stellen ein Verlust der Chance, auf einem höherbewerteten Dienstposten befördert zu werden, oder auch ein Wegfall der Vorgesetzteneigenschaft keine die Umsetzung hindernden Umstände dar.

Beim Vorliegen besonderer »dienstlicher Gründe« kann auch ein vorübergehender unterwertiger Einsatz des Beamten erfolgen, wenn und soweit er

---
6 Grundlegend BVerwGE 60, 144.
7 BVerwGE 89, 199; 98, 334.
8 BVerwGE 60, 144 (150); 65, 270; 87, 310 (315); 89, 199.

sich sachlich und zeitlich als unabweisbar aufdrängt. Den entsprechenden Regelungen im Recht der Versetzung und Abordnung wird man insoweit – per argumentum a fortiori – eine gewisse Ausstrahlungswirkung zuerkennen müssen.[9]

7. Zuweisungen

Um das 1990 neu geschaffene und 1997 sowie nochmals 2003 erweiterte beamtenrechtliche Institut der Zuweisung in seinen verschiedenen Varianten von den Ausgangspunkten her verständlich zu machen, bedarf es folgender Vorüberlegung:

Die bereits erörterte Abordnung erfordert, dass der Träger der Stelle, bei der der Beamte vorübergehend tätig werden soll, Dienstherrnfähigkeit besitzt. Das Recht, Beamte zu haben, steht nur dem Bund, den Ländern, den Gemeinden und den Gemeindeverbänden sowie sonstigen Körperschaften, Anstalten und Stiftungen des öffentlichen Rechts zu, denen es eigens durch Norm verliehen ist. Diese Voraussetzung ist weder bei einem ausländischen öffentlichen oder nicht öffentlichen Rechtsträger noch bei einem inländischen privatwirtschaftlichen Unternehmen erfüllt; bei Letzterem selbst dann nicht, wenn die öffentliche Hand daran mehrheitlich beteiligt ist. Der Beamte kann dorthin nicht abgeordnet werden. Früher war daher nur die Möglichkeit der Gewährung von Sonderurlaub eröffnet.

Um die »Distanzierung« einer Beurlaubungslösung[10] zu vermeiden, hat man 1990 den vergleichsweise eleganten Ausweg einer sog. Zuweisung entwickelt. Nach der ursprünglichen Konzeption konnte (und kann) der Beamte, dessen Rechtsstellung einschließlich des Anspruchs auf Besoldung unberührt bleibt, bereits in zwei Weisen verwendet werden:
- Erstens kann ihm im dienstlichen oder öffentlichen Interesse mit seiner Zustimmung vorübergehend eine seinem Amt entsprechende Tätigkeit bei einer öffentlichen Einrichtung außerhalb des Anwendungsbereichs des deutschen Beamtenrechts übertragen werden. In Betracht kommen hier supra- und internationale Organisationen, aber auch andere Staaten und Einrichtungen in anderen Staaten. Auch eine Zuweisung an supra- oder internationale Einrichtungen mit Sitz in Deutschland, wie etwa das deutsche Parlament, fällt hierunter.
- Zweitens kann dem Beamten sogar eine Tätigkeit bei einer nicht öffentlichen Einrichtung im In- oder Ausland zugewiesen werden, wenn dringende öffentliche Interessen dies erfordern. Beispiel: Ein deutscher Sicherheitsbeamter wird bei ausländischen Stationen deutscher Fluggesellschaften eingesetzt.

---

9 Vgl. *Verf.*, Beamtenrecht in der Praxis, 6. A., Rn. 145 m. w. Nachw.
10 *Hoffmann*, ZTR 1990, 327.

Durch Reformgesetze aus den Jahren 1997 und 2003 ist das Zuweisungsmodell ausgedehnt worden. An dieser Stelle sei der einschlägige Gesetzestext zitiert:

»Dem Beamten einer Dienststelle, die ganz oder teilweise in eine öffentlich-rechtlich organisierte Einrichtung ohne Dienstherrneigenschaft oder eine privatrechtlich organisierte Einrichtung der öffentlichen Hand umgewandelt wird, kann auch ohne seine Zustimmung eine seinem Amt entsprechende Tätigkeit bei dieser Einrichtung zugewiesen werden, wenn dringende öffentliche Interessen dies erfordern.«

Als Gründe für diese gesetzliche Regelung sind während des parlamentarischen Verfahrens angeführt worden:[11]
- Einerseits bestehe ein Interesse, z. B. auch Stiftungen ohne Dienstherrneigenschaft zu erfassen,
- andererseits verlange die Privatisierung öffentlicher Aufgaben – namentlich im kommunalen Bereich – nach einem »flexiblen Personaleinsatz«. Das Gesetz schaffe die Möglichkeit, das vorhandene Personal der Dienststelle auf das Unternehmen in privater Rechtsform überzuleiten, um so nach einer Privatisierung die zuverlässige Aufgabenerfüllung auch künftig zu sichern.
(Freilich ist hinzuzufügen, dass es sich um ein Unternehmen mit Mehrheitsbeteiligung der öffentlichen Hand handeln muss, damit die Verantwortung des Dienstherrn uneingeschränkt gewahrt bleibt.)

Noch nicht abschließend geklärt ist, ob es – obwohl der Gesetzestext dies nicht expressis verbis sagt – aus Gründen des Systemzusammenhangs auch in den zuletzt genannten Fallgruppen nur um *vorübergehende* Maßnahmen geht. Teilweise ist in der Literatur davon die Rede, dass der Beamte hier »nicht nur vorübergehend, sondern typischerweise für eine lange Übergangszeit, möglicherweise für die Dauer seiner beruflichen Tätigkeit« außerhalb des öffentlichen Dienstes eingesetzt werden könne; tendenziell in dieselbe Richtung weist es, wenn bei (teil-)privatisierten Einrichtungen – ausnahmsweise – auch auf Dauer angelegte Zuweisungen für angängig erachtet werden.[12]

Der Vollständigkeit halber sei auf die gesetzlichen Sonderregelungen einer Zuweisung in Bezug auf Privatisierungen im Bundesbereich aufmerksam gemacht. Genannt werden sollen hier:
- das Gesetz zur Übernahme der Beamten und Arbeitnehmer der Bundesanstalt für Flugsicherung,[13]
- das Gesetz über die Gründung einer Deutschen Bahn AG[14] und

---

11 BT-Drs. 13/5057 und BT-Drs. 14/6390.
12 Vgl. dazu *Verf.*, a. a. O., 2. Teil, Fn. 165b.
13 Vom 23.7.1992, BGBl. I S. 1370, 1376.
14 Vom 27.12.1993, BGBl. I S. 2378.

- das Gesetz zum Personalrecht der Beschäftigten der früheren Deutschen Bundespost.[15]

8. Rechtsschutzmöglichkeiten

Die Ausführungen sollen mit einer knapp gefassten Studie zum Rechtsschutz des jeweils betroffenen Beamten beschlossen werden.

Zunächst soll auf den Rechtscharakter der einzelnen Maßnahmen eingegangen werden: Versetzung, Abordnung und Zuweisung sind Verwaltungsakte; soweit sie gegen den Willen des Beamten ausgesprochen werden: *belastende* Verwaltungsakte. Umsetzungen fallen demgegenüber nicht unter die Verwaltungsaktskategorie; sie sind innerdienstliche Amtshandlungen des Dienstherrn ohne eigentliche Regelungsqualität.

Die unterschiedliche Rechtsnatur der Maßnahmen hat jedoch insofern keine Konsequenz für das Vorgehen des Beamten, als dieser sich in jedem Fall, bevor er verwaltungsgerichtliche Hilfe in Anspruch nimmt, mit dem Widerspruch zur Wehr setzen muss. Es stellt sich dann für ihn die weitere Frage, ob er dem Gebot seines Dienstherrn trotz seines Widerspruchs Folge leisten muss. Bei der Umsetzung ergibt sich die Folgepflicht daraus, dass diese kein Verwaltungsakt ist und dass ein dagegen gerichteter Rechtsbehelf schon deshalb keine aufschiebende Wirkung zeitigen kann. Bei Versetzung und Abordnung – als belastende Verwaltungsakte – war dies bis Mitte 1997 anders. Seitdem schließt das Gesetz den Suspensiveffekt aus, der ohne gesetzliche Ausschlussregelung in der Regel eo ipso eintritt, wenn der Adressat eines belastenden Verwaltungsakts Widerspruch oder Klage erhebt. Der Beamte muss seinen Dienst also bei der aufnehmenden Behörde bzw. dem aufnehmenden Dienstherrn ungeachtet seines Widerspruchs erst einmal antreten. Bei der Zuweisung – als unter Umständen belastender Verwaltungsakt – ist eine gesetzliche Ausschlussregelung nicht vorhanden, sodass ein Rechtsbehelf hier aufschiebende Wirkung hat. Die aufschiebende Wirkung bedeutet, dass aus der Zuweisung keine Folgerungen tatsächlicher oder rechtlicher Art gezogen werden können, solange der Rechtsbehelf noch nicht bestandskräftig beschieden ist oder der Dienstherr eine Vollziehungsanordnung im Sinne des § 80 Abs. 2 Satz 1 Nr. 4 VwGO erlassen hat. Der Beamte verhält sich mithin nicht rechtswidrig, wenn er dann seine Arbeitskraft im bisherigen Tätigkeitsbereich bereithält.

Wie kann der durch eine Versetzung, eine Abordnung oder eine Umsetzung jeweils betroffene Beamte erreichen, dass er vorläufig von einer Folgepflicht freigestellt ist?

---

15 Vom 14.9.1994, BGBl. I S. 2325.

- Bei Versetzung und Abordnung kann er gemäß § 80 Abs. 5 Satz 1 wGO beim Gericht der Hauptsache einstweiligen Rechtsschutz in Anspruch nehmen. Ist er damit erfolgreich, so bedeutet dies, dass das Gericht die aufschiebende Wirkung seines Rechtsbehelfs anordnet.
- Bei Umsetzungen steht dem Beamten die Möglichkeit offen, beim Gericht der Hauptsache gemäß § 123 VwGO eine einstweilige Anordnung zu beantragen. Hat er die neue Tätigkeit noch nicht aufgenommen, wird der Antrag des Beamten darauf zielen, dass das Gericht dem Dienstherrn aufgeben möge, ihn vorläufig auf seinem bisherigen Dienstposten zu belassen.

Erfolgsaussichten sind gewöhnlich unabhängig vom Rechtscharakter der Maßnahme nur gegeben,
- wenn diese (aus der Sicht des Gerichts) offenkundig rechtswidrig ist oder
- wenn ihr Sofortvollzug den Beamten unzumutbar hart treffen würde.

Hinter der verwaltungsgerichtlichen Spruchpraxis stehen zwei Grundgedanken:
- zum einen die Erwägung, dass die Bereitschaft zur Versetzung, Abordnung oder Umsetzung zu den Dienstpflichten des Beamten gehöre,
- zum anderen die Einsicht, dass Organisationsakte, soweit sie sich auf ein »dienstliches Bedürfnis« stützen, ihren Sinn im Prinzip nur erfüllen, wenn sie auch alsbald vollzogen werden.

Diese Postulate sind indessen in den Fällen, bei denen der Dienstherr auf wirkliche oder vermeintliche besondere »dienstliche Gründe« rekurriert, um schwere Eingriffe in die Rechtsstellung des Beamten zu »rechtfertigen«, nicht mehr ohne Wenn und Aber tragfähig. Denn der Beamte braucht derartige Eingriffe im Vorhinein nicht ohne Weiteres zu gewärtigen. Insofern wird überzeugungskräftig die Meinung vertreten,[16] dass »bei schwerwiegenden Eingriffen in die Rechtsstellung des Beamten wie Rückversetzungen bei Umstrukturierungen ... oder aufoktroyiertem Dienstherrnwechsel ... *auch bei offener Hauptsache*« (also nicht nur bei offenbarer Rechtswidrigkeit der fraglichen Maßnahme) die aufschiebende Wirkung anzuordnen sei.

Der Verwaltungsrechtsschutz im Verfahren zur Hauptsache geschieht bei der Umsetzung in Form der sog. allgemeinen Leistungsklage, bei den übrigen Maßnahmen in Form der Anfechtungsklage.

Der Zentralbegriff des »dienstlichen Bedürfnisses« und seine Varianten sind unbestimmte Rechtsbegriffe ohne Beurteilungsermächtigung zugunsten der Verwaltung. Die Nachprüfung der tatsächlichen und rechtlichen Grundlagen der jeweils umstrittenen Maßnahme durch die Verwaltungsgerichte ist damit prinzipiell unbeschränkt. Soweit das »dienstliche Bedürf-

---

16 *Kathke* in: Schütz/Maiwald, Beamtenrecht des Bundes und der Länder, Rn. 256 zu § 28 NRW LBG.

nis« oder die »dienstlichen Gründe« im Übrigen aber auf Gesichtspunkte – Faktoren – zurückgehen, hinsichtlich derer eine Beurteilungsermächtigung – oder (anders ausgedrückt) eine sog. Einschätzungsprärogative – der für den Dienstherrn handelnden Amtsträger besteht, bleibt diese unberührt. Dem Dienstherrn fällt außerdem die Letztverantwortung insofern zu, als er – und *nicht* das Verwaltungsgericht – z. B. zu entscheiden hat, wie auf Besetzungsdefizite oder auf Überbesetzungen zu reagieren ist und nach welchen Kriterien ein Auswahlermessen gehandhabt werden soll. Auch das personalpolitische Konzept des Dienstherrn kann der Beamte als solches im Verwaltungsprozess grundsätzlich nicht mit Aussicht auf Erfolg problematisieren.

Psychologische Aspekte von Outsourcing im öffentlichen Dienst

Prof. Dr. Heinrich Wottawa

1. Warum eigentlich Outsourcing?

Das derzeit häufig zu beobachtende Vorgehen, viele nicht zum »Kernbereich« einer Organisation passende Aufgaben an andere organisatorische Einheiten zu übertragen, ist keineswegs auf den öffentlichen Dienst beschränkt. Im Gegenteil: Der Umfang der unterschiedlichen Formen von Outsourcing in der Privatwirtschaft ist weitaus höher als im öffentlichen Bereich.

In der Privatwirtschaft liegen die Gründe dafür naturgemäß vor allem in betriebswirtschaftlichen Aspekten. Oft kann vieles (z. B. Vorprodukte) in Fremdunternehmen billiger hergestellt werden, wenn diese z. b. anderen tarifvertraglichen Regelungen unterliegen oder einen wesentlich geringeren »Overhead« zu finanzieren haben.

Neben solchen unmittelbaren Kostenvorteilen ermöglicht Outsourcing aber oft auch das Nutzen von Synergien. Wenn z. B. Maschinen bei einem für ein bestimmtes Teilprodukt spezialisierten Unternehmen viel besser ausgelastet werden können oder dadurch höhere Stückzahlen möglich sind, ergeben sich Wettbewerbsvorteile. Auch durch eine verbesserte Organisation lassen sich Vorteile erreichen, z. B. wenn spezielle Aufgaben wie Reinigungsdienste oder Catering durch Fremdfirmen mit entsprechender Kompetenz und entsprechendem Personal übernommen werden.

Solche leicht »rechenbare« betriebswirtschaftliche Überlegungen sind aber keineswegs der einzige Grund, warum sich Unternehmen von Aufgaben oder Unternehmensteilen trennen. Vielfach wird als Grund angegeben, dass sich die »Managementkompetenz« oder auch die »Kultur« in manchen Teilbereichen so völlig anders darstellt als im Kerngeschäft, dass eine Trennung dieser verschiedenen »Kulturen« zur Vermeidung von Reibungsverlusten oder Problemen an den »Schnittstellen« zwischen den unterschiedlichen Einheiten zweckmäßig erscheint. Die Konzentration auf »Kernkompetenzen« des Unternehmens kann auch dann die Produktivität erhöhen, wenn die ausgelagerten Bereiche für sich sehr leistungsfähig sind, aber es eben an der »Passung« zueinander fehlt. Dies ist mit eine der Ursachen, warum in den letzten 15 Jahren eine massive Entwicklung weg von den früher oft üblichen »Mischkonzernen« hin zu stärker auf spezifische Kompetenzen konzentrierte Unternehmen stattgefunden hat.

Solche unterschiedlichen »Kernkompetenzen« sind unmittelbar einleuchtend, wenn man z. B. an die Frage denkt, warum eine große Versicherung die Kantine als Organisationseinheit des Unternehmens führen sollte. Die fachlichen Kompetenzen sind extrem verschieden. Die »Führungskultur« einer gut geleiteten Großküche hat nur wenig Ähnlichkeit mit der Führung z. B. einer auf Neukundenakquisition ausgerichteten Vertriebsmannschaft. Selbst wenn es im gewünschten Verhalten der Mitarbeiter manche Überschneidungen gibt (z. B. »Kundenorientierung«, was sowohl für die Versicherungskunden als auch für die Essensausgabe zutreffen sollte), sind die unter dem gleichen Begriff subsummierten Verhaltensweisen doch sehr unterschiedlich.

Organisiert man, wie in diesem Beispiel, die Kantine als eine Unter-Einheit, braucht man entweder sehr flexible Führungskräfte (wenn diese im Laufe ihrer Karriere zwischen solchen verschiedenen Verantwortungsbereichen wechseln sollen) oder »klare Schnittstellen«, bei denen die eine Art von Führungskultur endet und die andere beginnt. Ist beides zu aufwendig, ist das Outsourcen schon allein unter dem Problem der »Kultur«-Unterschiede die bessere Lösung, ganz unabhängig von möglichen Kostenvorteilen aus anderen Gründen.

2. Gründe für das Outsourcing im öffentlichen Dienst

Betrachtet man Outsourcing-Prozesse im öffentlichen Dienst, so sind die Gründe dafür oft ähnlich wie in der Privatwirtschaft. Man strebt nach Vorteilen aufgrund von Größe, Synergien und spezialisiertem Know-how. Hinzu können noch spezielle betriebswirtschaftliche Aspekte kommen, etwa die anderen Möglichkeiten der Kredit- und Kapitalbeschaffung, steuerliche Aspekte, und manchmal können sogar erhebliche Veräußerungsgewinne erzielt werden. Es mag auch sein, dass zuweilen eine eher als angemessen empfundene Bezahlung und eine höhere Unabhängigkeit von politischen Entscheidungen für Führungspersonen die privatrechtliche Organisationsform attraktiv erscheinen lässt.

Allerdings reichen solche betriebswirtschaftlichen Aspekte allein nicht aus, um die starken Auslagerungsbestrebungen im öffentlichen Dienst zu erklären. Diese Aspekte ließen sich alle meist auch innerhalb des Systems »öffentlicher Dienst« realisieren, da dieser so groß ist, dass effiziente Einheiten für Spezialaufgaben geschaffen werden könnten. Ebenso wie in der

Privatwirtschaft verschiedene Aufgaben zwar an andere Unternehmen übertragen werden, aber stets innerhalb des privatwirtschaftlichen Gesamtrahmens bleiben, könnte man entsprechende Verlagerungen auch innerhalb des öffentlichen Dienstes belassen.

Selbst die Begründung mit Unterschieden im Lohnniveau wäre nicht absolut zwingend, da es im Prinzip (also theoretisch) natürlich auch möglich wäre, entsprechende tarifliche Regelungen oder spezielle Verträge für herausragende Aufgaben innerhalb des öffentlichen Dienstes einzuführen. Für das System als solches (und vielleicht auch für die Mitarbeiter dort) könnte es besser sein, Kostensenkungen innerhalb des öffentlichen Dienstes zu realisieren, statt das mit Verlagerungen in »private« Rechtsformen verbundene quantitative Schrumpfen dieses Systems insgesamt zu akzeptieren.

Der öffentliche Dienst bzw. Teile der dort Verantwortlichen scheinen nicht (mehr) daran zu glauben, dass diese Art von System wirklich »konkurrenzfähig« zur Privatwirtschaft ist, nur dann hätte ja das Outsourcing an neu zu schaffende spezialisierte Einheiten innerhalb des öffentlichen Dienstes dauerhaft Sinn. Hier zeigen sich Folgen des Verlustes der »Meinungsführerschaft« des öffentlichen Dienstes gegenüber der Privatwirtschaft in den letzten 40 Jahren. Man kann sich z. B. heute kaum noch vorstellen, welches hohe öffentliche Ansehen ein »Beamter« früher hatte oder dass noch in den 50er-Jahren Führungskräfte der Wirtschaft nach dem Vorbild der Führung im öffentlichen Dienst geschult wurden.

Auch rein betriebswirtschaftliche Aspekte könnten nicht erklären, warum das Outsourcing im öffentlichen Dienst oft sehr »ideologisch« diskutiert wird. Für manche scheint es in Diskussionen prinzipiell darum zu gehen, möglichst viel (am besten fast alles) aus dem Denken bzw. der »Kultur« des öffentlichen Dienstes herauszunehmen, während andere den Eindruck erwecken, unabhängig von allen aktuellen betriebswirtschaftlichen Aspekten möglichst alles im »öffentlichen Bereich« zu belassen.

Es wäre daher sicher falsch, die Gründe für Outsourcing-Prozesse im öffentlichen Dienst nur in betriebswirtschaftlichen Aspekten zu sehen, auch wenn diese dort, ebenso in der Privatwirtschaft, eine große Rolle spielen. Bei dem Wechsel von »öffentlich« zu »privat« geht es um mehr: Es ist immer auch ein Wechsel der »Kultur« damit verbunden.

3. Outsourcing als Wechsel der Organisationskultur

Die Klärung der Frage, welche Ziele mit einem Outsourcing-Prozess tatsächlich verbunden werden, ist für die Durchführung dieser Maßnahme und insbesondere für die sachgerechte Motivation der davon betroffenen Mitarbeiter von entscheidender Bedeutung. Dies ist in jedem Fall wichtig, aber ganz besonders dann, wenn das Ziel (oder die damit indirekt verbundene Folge) nicht nur mehr Effizienz, sondern auch ein Kulturwandel ist. Spricht man, wie es leider zu oft geschieht, bei solchen Maßnahmen nur über die Kosteneinsparungen, ist es unrealistisch, Hilfen für die Mitarbeiter für die schnelle Bewältigung der Umstellungsbedarfe auf die andere Kultur einzuplanen. Besonders ineffizient wird dieses Vorgehen, wenn die Mitarbeiter nicht einmal erfahren, dass und welche »kulturellen« Veränderungen, etwa arbeitsbezogene Einstellungen, Grundüberzeugungen und Werte, in der neuen Organisation in Zukunft gelten.

Die Unterstützung dieses kulturellen Wandels (oft als »Change-Prozess« bezeichnet) ist auch in der Privatwirtschaft wichtig. Keine Bedeutung hat sie nur dann, wenn die bisher von unternehmenseigenen Mitarbeitern übernommenen Aufgaben einfach an Fremdfirmen übertragen werden. Diese erfüllen dann mit eigenem Personal diesen Auftrag, ohne dass dadurch bei ihnen ein Kulturwechsel eintreten würde. Im öffentlichen Dienst wird aber wegen der üblichen Beschäftigungsgarantien Outsourcing häufig so umgesetzt, dass die schon vorher vorhandenen Mitarbeiter ihre bisherigen Aufgaben im Wesentlichen beibehalten und sich nur der rechtliche bzw. organisatorische Rahmen für ihre Tätigkeit verändert. In solchen Fällen sind die Motivation der Mitarbeiter und ihre Bereitschaft, sich den Herausforderungen der neuen Organisationsform zu stellen, für das Gelingen des Outsourcing-Prozesses von ganz entscheidender Bedeutung. Trotzdem unterbleibt eine entsprechende Unterstützung in vielen Fällen.

Wenn bei den betroffenen Mitarbeitern als Begründung für die neue Organisationsform nur betriebswirtschaftliche Aspekte genannt werden, entsteht bei diesen leicht der Eindruck, abgesehen von oft vereinbarten Besitzstandsregelungen, »für weniger Geld mehr arbeiten« zu müssen. Eine solche subjektiv erlebte Forderung, die ja auch ineffizientes persönliches Verhalten in der Vergangenheit nahelegt, kann wohl kaum als »motivierend« für die aktive Teilnahme an solchen Veränderungsprozessen aufgefasst werden. Es ist bei dieser Auffassung auch nicht ersichtlich, welchen Nutzen der einzelne Mitarbeiter von dieser Art von Veränderung für sich haben könnte.

Geht man aber davon aus, dass Outsourcing im öffentlichen Dienst sehr stark (auch) dadurch motiviert ist, »kulturelle« Änderungen herbeizuführen und dadurch die Effizienz zu steigern, stellt sich die Frage, was genau unter dieser Veränderung zu verstehen ist. Was macht eigentlich den Kulturunterschied zwischen Privatwirtschaft und öffentlichem Dienst aus?

4. Verhaltenssteuerung als Grundlage der Besonderheiten des öffentlichen Dienstes

Ein sehr leistungsfähiges Konzept zum Verständnis der Unterschiede zwischen der Privatwirtschaft und dem öffentlichen Dienst bieten die Grundformen der Systemsteuerung (s. Abbildung 1).

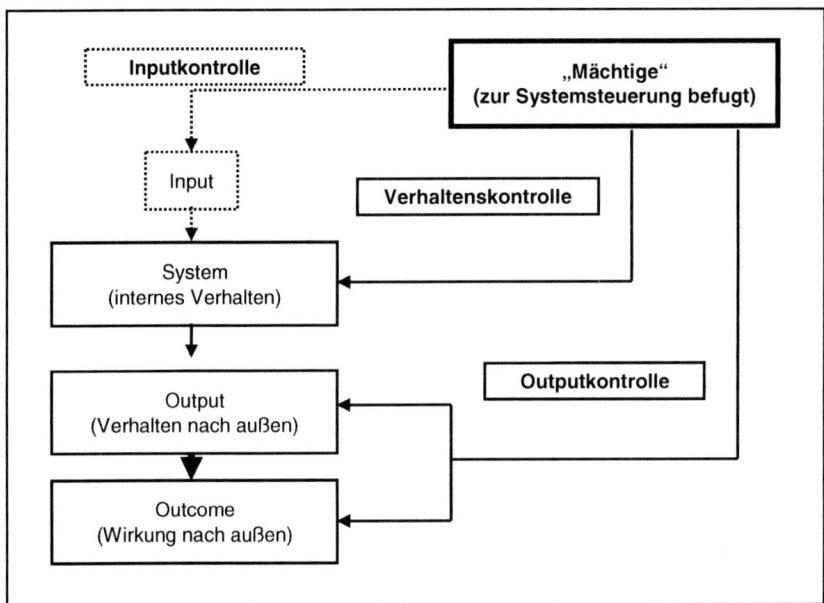

Abbildung 1: Grundformen der Systemsteuerung

Die »Inputkontrolle« besteht darin, dass man steuert, was in das System hineinkommt und dort genutzt werden kann: bestimmte Mitarbeiter, Haushaltsmittel, Lehrbücher usw. Eine darüber hinausgehende Kontrolle kann bei der sehr seltenen reinen Inputkontrolle unterbleiben. Die Verantwortlichen hoffen, dass durch die richtige Auswahl des »Inputs« auch das Richtige geschehen wird. Früher war so etwas bei Grafen, Theaterintendanten, Chefärzten oder auch Professoren üblich, immer verbunden mit einer »Korrekturmöglichkeit« bei offensichtlichem Missbrauch.

Bei der Verhaltenskontrolle erhält das System zusätzlich zur Steuerung des Inputs Anweisungen, was es zu tun hat: Gesetze, Organisationshandbücher, Führungsleitlinien etc. Die Verantwortlichen hoffen, dass durch die »richtigen« Vorschriften der Erfolg des Systems entsteht, und konzentrieren sich auf die Überprüfung der Einhaltung dieser Regeln. Ein Zerrbild, das aber das Funktionieren dieser Steuerungsform intuitiv deutlich macht, ist der »typische« Bürokrat.

»Belohnt« wird dabei die Vorschriftentreue, nicht die Optimierung des Outputs, dieser wird auch gar nicht systematisch erfasst. Eine der Folgen davon ist, dass es systemimmanent keinen Sinn macht, Kosten und Nutzen abzuwägen. Man muss Vorschriften bei der Arbeit einhalten und braucht evtl. dazu sparsam einzusetzende Mittel, aber eine Verrechnung von »Vorschriftentreue« und »Outcome« macht keinen Sinn. Im öffentlichen Bereich ist die »Rechtmäßigkeit« ein Nutzenaspekt an sich, der unabhängig von den entstehenden Folgen entsteht. Ohne systematische Verrechnung von Aufwand und Ertrag steht der öffentliche Dienst zwangsläufig auch viel weniger unter Effizienzdruck als die private Wirtschaft.

Bei der Outputkontrolle konzentrieren sich die Vorgaben der Führung auf die zu erbringende Leistung oder den dadurch ausgelösten Effekt (Outcome). Verhaltensvorschriften werden dabei eher als hinderlich erlebt und sind nicht zwingend mit einem persönlichen Commitment verbunden. Ein anschauliches Zerrbild wäre dafür der »typische« Verkäufer, für den nur der Umsatz zählt und der für seinen Erfolg u. U. beeinträchtigende Bestimmungen mit gutem Gewissen nicht einhält.

Es finden sich aber alle drei Grundformen der Systemsteuerung in jeder Organisation. Kein Unternehmen stellt Mitarbeiter per Zufall ein und verzichtet damit auf die »Inputkontrolle«, und in jedem Unternehmen gibt es interne Regelungen zur »Verhaltenskontrolle«, an die die Mitarbeiter gebunden sind. In jedem Fall gelten für alle die allgemeinen Gesetze. Und natürlich denken auch gute Verwaltungen darüber nach, welchen Effekt sie mit ihrem Handeln erzielen.

Es gibt aber große Unterschiede in der relativen Bedeutung dieser Steuerungsformen im privaten und öffentlichen Bereich. Der öffentliche Dienst ist vom System her viel stärker durch die Verhaltenskontrolle geprägt, während die Privatwirtschaft insbesondere an der Optimierung des Ergebnisses, also am Output oder besser Outcome, ausgerichtet ist. Die Gründe dafür sind sowohl historisch als auch durch die unterschiedlichen Aufgabenschwerpunkte bedingt.

Es war zu Beginn des 19. Jahrhunderts ein großer Fortschritt der mit dem Namen von und zum Stein verbundenen Reformen des öffentlichen Dienstes, zusätzlich zur Inputkontrolle eine für alle Bürger gleiche, durch »bürokratische« Regelungen gesteuerte ordnungsgemäße Verwaltung zu garantieren. Bis in die jüngste Zeit prägen die Prinzipien der Inputkontrolle (insbesondere etwa im Beamtenrecht) und der Verhaltenskontrolle (siehe z. B. viele Gehaltsregelungen des alten BAT) die »Kultur« des öffentlichen Dienstes. Nahezu alles, was seit gut 15 Jahren als Reform des öffentlichen Dienstes diskutiert wird (insbesondere die Einführung der neuen Steuerungsmodelle in den Stadtverwaltungen), besteht im Kern aus dem Bestreben, wesentlich stärker als früher Elemente der Output- bzw. Outcome-Steuerung in das System einzubauen (Schedler & Proeller, 2003; Zielinski, 2003). Das gilt auch für die neuen tarifvertraglichen Regelungen (z. B. TVöD, 2006).

Das Gleiche zeigt sich auch in der öffentlichen Meinung. Es genügt nicht mehr, dass ein Gesetz oder eine behördliche Regelung ordnungsgemäß zustande gekommen ist, man hinterfragt den für die Gesellschaft damit entstandenen Nutzen und überprüft im Nachhinein Gesetze auf ihre Wirkung hin (oder versucht es zumindest). Ein interessantes persönliches Erlebnis war der Besuch eines Mitarbeiters des öffentlichen Dienstes an der Universität, der bei der Darstellung seiner Arbeit für die Studenten mit den Worten begann: »Die Grundlage meiner Tätigkeit ist das Gesetz X«, und dieses dann entsprechend darstellte. Die Reaktion war deutliche Heiterkeit bei den Zuhörern. Die Studenten hatten erwartet zu erfahren, mit welchem Ziel dieser Kollege etwas in der Praxis tut, welchen Nutzen er für externe oder interne Kunden bietet. Sein berufliches Selbstverständnis, die Tätigkeit aus einer Vorschrift heraus anstatt aus einer Zielsetzung abzuleiten, war (und blieb) unverständlich.

Im Gegensatz dazu ist die Denkweise der Privatwirtschaft vor allem durch die Output-/Outcome-Systemsteuerung geprägt, was eine Vielzahl von Konsequenzen hat. Eine davon ist, dass man die aufgewendeten Kosten (z. B. für die Herstellung und den Vertrieb eines Produktes) unmittelbar mit dem damit erreichten Outcome (Einnahmen für das Unternehmen) »verrechnen kann«; in beiden Fällen ist die Maßeinheit das Geld.

Da prinzipiell jedes funktionierende System genau die Parameter optimiert, nach denen es gesteuert wird, ergibt sich daraus die Konsequenz, dass Output/Outcome gesteuerte Systeme die Effizienz (Nutzen in Relation zu Kosten) viel besser erreichen als vorwiegend an der Verhaltenssteuerung orientierte Systeme. Diese sollten im Gegensatz dazu zu einer geringeren Übertretung von Vorschriften führen. Darauf gründet sich die Erwartung, durch eine verstärkte Output-/Outcome-Steuerung und »Belohnungen« für hohen Output (»leistungsabhängige Bezahlung«) die Effizienz auch des öffentlichen Dienstes zu steigern.

Der »ideologische« Hintergrund der Outsourcing-Debatten liegt daher besonders in der Bevorzugung einer bestimmten Form der Systemsteuerung. Die einen wollen die Verstärkung der Output-/Outcome-Steuerung und erwarten davon als Folge langfristig eine erhöhte Effizienz. Die anderen bevorzugen die Verhaltenssteuerung, weil sie darin die beste Chance für eine einheitliche und »gerechte« Behandlung der Bürger sehen. Beide Positionen sind in sich nachvollziehbar, man kann sie aber kaum »mischen«. Der Schwerpunkt der Steuerung ist ein fundamentales Merkmal der Organisationskultur, und funktionsfähige Systeme müssen in sich stimmig gestaltet sein, um die im Abschnitt 1 genannten Friktionen zu vermeiden.

5. Konsequenzen für die Mitarbeiter und die Prozessgestaltung

Jedes System prägt auch die Einstellungen und Werthaltungen der Personen, die darin arbeiten. Einige Konsequenzen, die sich aus der Verhaltenssteuerung einerseits und der Output-Steuerung andererseits ergeben, sind in Abbildung 2 zusammengefasst.

Verhaltenssteuerung	*Output/Outcome-Steuerung*
• Die Kontrolle des Verhaltens ist o. k., die Kontrolle des Erfolges bzw. die Wirkung der Arbeit nicht	• Die Kontrolle der Leistung ist o. k., die des Verhaltens im Detail nicht
• Die Erfassung individueller Leistung ist tabuisiert	• Die individuelle Leistung ist Grundlage der Führung
• Geführt werden im Prinzip »Einheiten«, nicht Personen	• Es besteht eine hohe Bedeutung personaler, individualisierter Führung
• Man handelt vor allem, um Misserfolge zu vermeiden	• Man handelt vor allem, um Erfolge zu erzielen
• Es besteht die Tendenz zu Angst vor Unsicherheit und Freiräumen	• Es besteht die Tendenz, Unsicherheit und Freiheit als Chance zu sehen
• Die Basis der »Belohnung« ist »Zuständigkeit« und »Vorschriftentreue«	• Die Basis der »Belohnung« ist der Erfolg (Output bzw. Outcome)
• Die akzeptierten Gerechtigkeitsprinzipien bei »Belohnungen« sind »Gleichheit« und »Bedarf«	• Die Gerechtigkeitsprinzipien für die Verteilung von »Belohnungen« sind »Anstrengung« und »Leistung«
• Die Führung baut vor allem auf intrinsischer Arbeitsmotivation der Mitarbeiter auf	• Die Arbeitsmotivation, auch durch Anreize (extrinsisch), ist eine wichtige Führungsaufgabe
• Man kann bei Erfüllung der Vorgaben in sich ruhen und wissen, das man alles gemacht hat	• Da man das Maximum des denkbaren Outputs nie erreicht, ist man nie wirklich »fertig«

Abbildung 2: Auswirkung der Systemsteuerung auf Mitarbeiter und Führung

Einige typische Punkte daraus etwas ausführlicher:
- Da bei der Verhaltenssteuerung nicht das gewünschte Ergebnis auffällt, sondern nur das Nichteinhalten des gewünschten Verhaltens, führt diese konsequent zu einem Misserfolg vermeidenden Verhalten (man möchte nichts falsch machen, keine Regel übertreten); im Gegensatz dazu bedeutet die Kontrolle von Output/Outcome, dass man aktiv an der Steigerung des Ergebnisses arbeitet, ^da man »umso besser« ist, je höher der Ertrag ausfällt.
- Eine Folge davon ist, dass unklare Situationen, in denen es keine klaren oder sogar widersprüchliche Regelungen gibt, bei Verhaltenssteuerung als Belastung erlebt werden, während eine solche unklare Situation bei der Output-Steuerung eine hervorragende Grundlage ist, um genau jenes Verhalten einzuhalten, von dem man sich den größten Erfolg versprechen kann. Aus diesem Grund wird einmal »Unklarheit« als Belastung, das andere Mal als Chance erlebt.
  Bezüglich der »gerechten« Belohnung gilt systemimmanent, dass die »Zuständigkeit« (bei Inputkontrolle) bzw. das »richtige Einhalten« von Verhaltensvorgaben (bei Verhaltenskontrolle) eine gerechte Verteilung der Belohnungen ermöglicht. Bei der Output-Steuerung in reiner Form wäre eigentlich nur der erzielte Erfolg die »gerechte« Entlohnungsbasis (unbeschadet davon, dass in beiden Systemen Komponenten aus der jeweils anderen Denkweise zur Aufrechterhaltung der Motivation bzw. zur Vermeidung von Fehlverhalten erforderlich sind).

Ein weiterer Aspekt ist, dass man bei der Input- und Verhaltenskontrolle von einem Menschenbild ausgeht, bei dem die Beschäftigten innerhalb ihres Zuständigkeitsrahmens und allgemeiner Regelungen (etwa bezüglich der Arbeitszeit) von sich aus motiviert tätig sind, die Arbeit also »intrinsisch« motiviert ist, bzw. der »Diensteid« und die daraus folgenden Verpflichtungen für einen dauerhaften Einsatz sorgen.

Solange diese impliziten Voraussetzungen (die bei Einrichtung dieser Steuerungssysteme für den öffentlichen Dienst vor rund 200 Jahren offensichtlich als gegeben angenommen werden konnten) vorhanden sind, erleichtert die Verhaltenskontrolle wesentlich die Führungsaufgabe. Diese braucht sich nur auf Arbeitszuweisung und Überprüfen der Rechtmäßigkeit zu konzentrieren und erlaubt daher z.B. erstaunlich große, in der Privatwirtschaft undenkbare Führungsspannen von weit über hundert Personen, die einer einzigen Führungskraft zugeordnet sind. Im Bereich der Output-Steuerung ist die Motivation wesentlich durch das erzielte Ergebnis und nicht die Arbeit selbst gesichert, sie muss also (auch) extrinsisch erfolgen. Es ist dort daher die Aufgabe der Führung, materielle und vor allem auch immaterielle Anreize in wesentlich stärkerem Maße als im öffentlichen Dienst mit dem erzielten Ergebnis zu verbinden und so für den Einsatz der Mitarbeiter zu sorgen (siehe auch Busse, 2006).

Auch wenn die hier nur im Ausschnitt gezeigten Abhängigkeiten von Einstellungen und Systemsteuerung in reiner Form nur in Extremen (z. B. der »typische Beamte« oder der »typische Verkäufer«) auftreten, sind sie doch die Grundlage für eine graduell stark unterschiedliche Prägung in den beiden Organisationsformen. Dabei ist es keineswegs so, dass die eine der anderen Form prinzipiell überlegen wäre. So gibt es etwa keinerlei Hinweise, dass die Beschäftigten im öffentlichen Dienst aufgrund des geringeren Ertragsdruckes und des häufigen Fehlens einer tatsächlichen Leistungsmessung in irgendeiner Weise mit ihrer Arbeit »zufriedener« oder »glücklicher« wären als die Beschäftigten in der Privatwirtschaft oder dass die »Privaten« mehr leisten als die Beamten. Wichtig ist allerdings, dass die Regelungen innerhalb eines Systems in sich stimmig sind, was theoretisch vermuten lässt, dass die jetzt im öffentlichen Dienst verstärkt eingeführte »leistungsabhängige« Bezahlung auf große Probleme stoßen wird, wenn sie nicht, wie bei solchen Bezahlungsformen in der Privatwirtschaft, mit einer klaren Leistungsmessung (entweder auf der Basis von nachweisbarem Output/Outcome oder auf der Erfüllung messbarer Zielvereinbarungen) gekoppelt ist.

Verstärkt wird diese tendenzielle Prägung von Mitarbeitern durch die jeweilige Systemform auch noch durch die Selbstselektion der Mitarbeiter bei der Stellensuche (Gourmelon, 2005) und durch das individuelle soziale Umfeld. Oft (wenn auch keineswegs immer) suchen gerade jene Personen, die zu der einen oder anderen Systemform besonders gut passen, gezielt einen entsprechenden Arbeitgeber. Ebenso systematisch ergeben sich schon durch die beruflich verursachten persönlichen Kontakte und die durch die beruflichen Möglichkeiten beeinflussten Lebensstile häufig Freundes- und Bekanntenkreise, die ihren Schwerpunkt eher in dem einen oder anderen Feld haben.

Alle drei Komponenten (Passung der Persönlichkeit zu dem einen oder anderen Feld, Auswirkungen der Arbeit im jeweiligen System auf Einstellungen und Werthaltungen, ausgewählte soziale Umgebung) führen dazu, dass vielen Mitarbeitern des öffentlichen Dienstes das Outsourcing in eine nach den Grundsätzen der Output-/Outcome-Steuerung strukturierte Organisation emotional außerordentlich schwer fällt, auch wenn vielen die dahinter stehenden psychologischen Faktoren sicher nicht explizit bewusst sind. Erschwerend kommt die oben genannte rein betriebswirtschaftliche Argumentation hinzu, die oft als Begründung für das Outsourcing genannt wird. Es ist schade, dass die Mitarbeiter nur selten über die psychologischen

Grundlagen des Wechsels in eine andere Organisationsform informiert und ihnen insbesondere auch die damit verbundenen Chancen für ihre eigene persönliche Entwicklung in einer verständlichen Form nahegebracht werden.

Wenn das Kernziel von Outsourcing vor allem die Kosteneinsparung durch Senkung der individuellen Einkommen ist, ist das kein »psychologisches« Problem, sondern eines des handfesten Interessenausgleichs und der jeweiligen Machtbasen.

Geht es aber vor allem um eine Verhaltensänderung (die durchaus auch, ohne jemandem weh zu tun, zu mehr oder effizienterer Leistung führen kann) durch den Wechsel zur Output-/Outcome-Steuerung, ist dieser Prozess kein Null-Summen-Spiel. Wenn es gelingt, Mitarbeitern die Vorteile von mehr Freiraum und systematischer Rückmeldung über die eigene Leistung zu bieten, kann die neue Arbeitsform viel befriedigender erlebt werden als die alte.

Leider entsteht der Eindruck, als seien viele Führungskräfte, die solche Change-Prozesse gestalten, selbst nicht von den möglichen Vorteilen der neuen Arbeitsstrukturen überzeugt, sondern darin auch nur eine Verschlechterung ihrer Situation sehen. Dadurch gehen leider viele für alle Seiten positive Effekte von Outsourcing in eine »neue« Kultur verloren, die man bei geschickter Begleitung solcher Prozesse durchaus nutzen könnte.

Literatur

Busse, B. (2006). Was leisten Leistungsanreize? Bedeutung und Erfolgsfaktoren effektiver Leistungsanreize. In A. Gourmelon & C. Kirbach (Hrsg.), *Personalbeurteilung im öffentlichen Sektor* (S. 78-94). Baden-Baden: Nomos.
Gourmelon, A. (2005). Berufswahlmotive von Nachwuchsbeamten und deren Einfluss auf Studienleistungen. *Der Öffentliche Dienst, 12*, 265-270.
Schedler, K. & Proeller, I. (2003). *New Public Management*. Stuttgart: Haupt.
Stratemann, I. & Wottawa, H. (1995). *Bürger als Kunden – Wie Sie Reformkonzepte für den öffentlichen Dienst mit Leben füllen*. Frankfurt: Campus Verlag.
TVöD. (2006). *TVöD – Allgemeiner Teil und Besondere Teile*. Berlin: Rehm.
Zielinski, H. (2003). *Management im öffentlichen Sektor*. Opladen: Leske und Budrich.

Wie Mitarbeiter berufliche Trennungsprozesse erleben: Folgerungen für das Personalmanagement

Prof. Dr. Andreas Gourmelon

1. Umbruchsituationen als Auslöser für berufliche Trennungen

Viele Faktoren, wie beispielsweise der Zwang zur Reduzierung der Personalausgaben oder der Einsatz neuer Techniken, bewirken Veränderungen im öffentlichen Sektor. Die Aufbau- und Ablauforganisation wird modifiziert, Aufgaben ändern sich, werden privatisiert oder entfallen ganz. Diese Veränderungen betreffen auch stets das Personal der Behörden und Kommunen. Im Rahmen des Personalmanagements müssen diese Umbrüche angeleitet und begleitet werden. Dies wird umso besser gelingen, je mehr sich die Initiatoren der Veränderungen und die Personalmanager mit dem Erleben der Beschäftigten in diesen Umbruchsituationen vertraut machen. Deshalb steht in diesem Beitrag die Sichtweise der von Trennungen betroffenen Beschäftigten im Mittelpunkt. Zudem werden hieraus Folgerungen für die Vorgehensweise des Personalmanagements abgeleitet.

Während im privatwirtschaftlichen Umfeld unter »Trennung« üblicherweise nur die Beendigung des Arbeitsverhältnisses (z. B. durch Kündigung oder Aufhebungsvertrag) verstanden wird, soll hier der Begriff weiter gefasst werden. Auch die folgenden Phänomene werden als Trennung im beruflichen Kontext verstanden:

- Verlust der bisherigen und Zuweisung neuer Aufgaben,
- Entwertung oder Verlust des beruflichen Status,
- Wechsel der Arbeitsgruppe oder Organisationseinheit, sodass der Mitarbeiter mit neuen Kollegen zusammenarbeiten muss,
- Wechsel des Arbeitsortes, insbesondere dann, wenn der Mitarbeiter hierdurch zu einem Wechsel des Wohnortes oder zum Fernpendeln gezwungen ist,
- Verlust der beruflichen Tätigkeit, z. B. durch Frühpensionierung,
- keine Verlängerung von befristeten Arbeitsverträgen,
- Wegfall oder Reduktion der Möglichkeit zur Einkommenserzielung, z. B. durch eine Änderungskündigung/Entlassung.

Obzwar diese Umstände von den Beschäftigten im Allgemeinen ähnlich erlebt werden, können sie jedoch im Einzelfall unterschiedliche Folgen für die Beschäftigten haben. Maßgeblich für die psychischen Auswirkungen ist beispielsweise die Art des Ereignisses. Sicherlich ist der Verlust der bisherigen und die Zuweisung neuer Aufgaben in der Regel weniger schwerwiegend als das Ereignis einer Kündigung. Weiterhin hängen die Auswirkungen auch davon ab, welche Einstellung der Betroffene zur Arbeit und zum Beruf hat. Personen, die sich in hohem Maße mit und über ihre Berufstätigkeit identifizieren, werden bei Trennungen in der Regel stärkere Auswirkungen verspüren als solche, für die die Berufstätigkeit ein notwendiges Übel zur Einkommenserzielung darstellt. Das (Lebens-)Alter wirkt moderierend; berichtet wird, dass Mitarbeiter mittleren Alters Trennungen belastender erleben als jüngere und ältere Beschäftigte. Aber vermutlich ist hier nicht das Lebensalter an sich der entscheidende Faktor. Vielmehr scheinen im mittleren Lebensalter die familiären und damit auch die finanziellen Verpflichtungen am höchsten zu sein, zudem werden in diesem Alter die Karriereerwartungen am nachhaltigsten gestört (Schmook, 2001). Des Weiteren spielen auch Persönlichkeitsmerkmale der Betroffenen eine Rolle. Selbstsichere, flexible und robuste Mitarbeiter kommen besser mit Trennungen zurecht. Auch der Arbeitsmarkt hat Auswirkungen auf die psychischen und materiellen Folgen von Trennungen. Sofern die lokale Arbeitsmarktsituation für Beschäftigte als günstig zu beurteilen ist oder Mitarbeiter für Arbeitgeber attraktive berufliche Qualifikationen aufweisen, werden die Folgen der Trennung für die Beschäftigten tendenziell weniger bedeutsam sein. Selbstverständlich sind die Einkommens- und Vermögensverhältnisse des Mitarbeiters ein wesentlicher Faktor dafür, wie der Betroffene Trennungen erlebt – insbesondere dann, wenn sich der Mitarbeiter in einer schwierigen finanziellen Situation befindet und die Trennung Einfluss auf die Einkommensverhältnisse hat. An folgende Situationen ist z. B. zu denken: hohe finanzielle Belastungen des Mitarbeiters durch Kinder oder zu pflegende Angehörige, hohe Pendelkosten bei niedrigen Einkünften, Ortsgebundenheit durch unveräußerlichen und durch Darlehen belasteten Immobilienbesitz.

2. Bruch des impliziten Vertrages

Die Berufsbiografie vieler Beschäftigter des öffentlichen Sektors weist eines oder mehrere der folgenden Merkmale auf:
- Der Beruf oder der Arbeitsplatz wurde gewählt, weil er sicher erschien und mit einem zwar nicht hohen, aber doch ausreichenden Einkommen verbunden war. Weiterhin war der Beruf für solche Bewerber interessant,

die klare Strukturen, Arbeitsbedingungen und Abläufe bevorzugen (Gourmelon, 2005).
- Die Inhalte der Ausbildung oder des Studiums waren stark am Bedarf der jeweiligen Dienstherren oder Arbeitgeber ausgerichtet. Es erfolgte eine berufliche Spezialisierung auf häufig eng umgrenzte Bereiche des öffentlichen Sektors. Außerhalb des öffentlichen Sektors werden die entsprechenden Qualifikationen kaum nachgefragt.
- Ein Wechsel des Arbeitgebers oder Dienstherren erfolgt nur selten. In der Regel erfolgt die Anstellung und die Pensionierung durch denselben Dienstherren.
- Auch Arbeits- und Aufgabengebiete (die Stelle) wurden in der Vergangenheit nicht häufig gewechselt, organisatorische Veränderungen finden erst in den letzten Jahren gehäuft statt.
- Die Mitarbeiter wurden in einer Unternehmenskultur sozialisiert, in der weniger das Ergebnis der Handlungen als die Einhaltung von Regeln wertgeschätzt wird (siehe hierzu den Beitrag von Wottawa).

Diese Merkmale der Berufsbiografie haben Konsequenzen für das Denken, Erleben und Handeln der Betroffenen und bedingen ihren Umgang mit Trennungen. Ein Kernpunkt des Denkens und Erlebens ist, dass in der Vorstellung der Beschäftigten zwischen ihnen und dem Dienstherren ein impliziter Vertrag geschlossen wurde. Gegenstand dieses impliziten Vertrages ist beispielsweise, dass sich der Mitarbeiter den – für viele ja ungewohnten – bürokratischen Arbeitsregeln unterwirft. Weiterhin fühlt sich der Mitarbeiter verpflichtet, dem Dienstherren gegenüber loyal zu sein und auch solche Ziele des Dienstherren zu verwirklichen, die im Widerspruch zu eigenen Überzeugungen stehen oder die der Mitarbeiter gar für unsinnig hält. Zusätzlich ist der Mitarbeiter willens, sich über Jahre hinweg in solch hohem Maße beruflich (nicht nur in der Ausbildung) zu spezialisieren, dass hierdurch die objektiven Chancen zum Dienstherren- oder Arbeitgeberwechsel deutlich beeinträchtigt werden. Als Gegenleistung wird vom Dienstherren erwartet, dass sich der Mitarbeiter keine Sorgen über seine berufliche und (im angemessenen Maße) materielle Existenz machen muss, er Anerkennung und Achtung für seine Leistungen erfährt und dauerhaft gute Leistungen durch Beförderungen o. Ä. honoriert werden. Weiterhin erwarten die Mitarbeiter, dass bei dienstlichen Angelegenheiten und Entscheidungen private Belange berücksichtigt werden.

Es wäre nun im Rahmen dieser Ausführungen nicht zielführend darüber nachzudenken, ob sich die aus dem impliziten Vertrag ergebenden Rechte und Pflichten mit den objektiven Rechten und Pflichten – wie sie sich z. B. aus dem Beamten- oder Arbeitsrecht ergeben – in Einklang bringen lassen. Entscheidend ist, dass dieser implizite Vertrag die Reaktionen der Beschäftigten auf Trennungen beeinflusst. Jeder Trennung wohnt das Potenzial inne, als Verstoß gegen diesen impliziten Vertrag erlebt zu werden. Damit erfährt der Mitarbeiter das Gefühl, ungerecht behandelt worden zu sein. Im Extremfall meint der Mitarbeiter, jahrzehntelang in Vorleistung gegangen zu sein und nun um die Gegenleistung des Dienstherren betrogen zu werden.

Um das Ungerechtigkeitserleben und den daraus resultierenden, zumindest inneren Widerstand der Beschäftigten nicht weiter zu steigern, muss das Personalmanagement auf den »Bruch« des impliziten Vertrages reagieren. Zwei sich ergänzende Reaktionswege sollen hier aufgezeigt werden:
- Zum einen ist den Mitarbeitern ggf. aufzuzeigen, welche Leistungen der Dienstherr in Zukunft für sie noch erbringen wird,
- zum anderen ist darauf hinzuweisen, welche Leistungen der Dienstherr im Sinne des impliziten Vertrages bereits erbracht hat. Aus gedächtnispsychologischen Gründen werden empfangene Leistungen leicht vergessen oder unterbewertet, noch ausstehende überbewertet.

Mit diesen beiden Reaktionen soll der Vertrauensverlust der von Trennung Betroffenen, aber auch der verbleibenden Mitarbeiter, verringert werden. Im Zweifelsfall muss aufgezeigt werden, weshalb die Geschäftsgrundlage für den impliziten Vertrag weggefallen ist.

3. Mangelndes Selbstvertrauen

Mit dem Verlust der bisherigen Arbeit entsteht bei den Mitarbeitern die Befürchtung, neuen Anforderungen nicht gewachsen zu sein, Neues nicht lernen zu können, in der neuen Umgebung zu versagen. Bereits kleine Änderungen des Gewohnten (die nicht als Trennung bezeichnet würden) sind bei vielen Mitarbeitern hierfür ausreichend. Man denke beispielsweise an die heutzutage nicht mehr nachvollziehbaren Probleme, die es bei der Einführung von E-Mails im Schriftverkehr gab. Verursacht wird diese Furcht und Unsicherheit durch die bislang hohe Konstanz der Aufgaben und Aufgabendurchführungsbedingungen, durch die geringen Veränderungen im Arbeitsalltag und der daraus folgenden kaum ausgeprägten Anpassungs- und Lernkompetenz der Beschäftigten. Wer über Jahre hinweg stets dieselbe Tätigkeit ausübt und immer mit denselben Kollegen/-innen zu tun hat, kann das Vertrauen zu sich selbst verlieren, neuen Herausforderungen gewachsen zu sein. Die Unsicherheit und Furcht vor Neuem kann sich hinter vielerlei rational wirkenden Argumenten und Bedenken oder hinter verbalen Aggressionen verbergen.

Im Rahmen des Personalmanagements sind unterstützende Maßnahmen sinnvoll, die Anpassungs- und Lernkompetenz fördern, das Selbstvertrauen steigern und neue Qualifikationen vermitteln. Der organisatorische Wandel, die neuartigen Aufgaben, die Erwartungen an und die Unterstützungsangebote für die Mitarbeiter müssen geduldig und behutsam erläutert werden. Den Mitarbeitern hilft oftmals, wenn sie erfahren, dass sie nicht die einzigen sind, die mit neuen Anforderungen konfrontiert sind, und dass sie von konkret benannten, von ihnen als vertrauenswürdig und kompetent eingestuften Personen unterstützt und begleitet werden. Ein Aufgabenwandel kann im alten Kollegenkreis besser bewältigt werden, insofern lohnt es sich, bewährte Gruppenstrukturen – wenn möglich – zu erhalten.

4. Kontrollverlust

Viele Mitarbeiter erleben Trennungen im beruflichen Kontext als Verlust der Möglichkeit, auf ihr eigenes Schicksal Einfluss nehmen, Kontrolle ausüben zu können. Sie empfinden sich als Spielball ihres Dienstherren oder Arbeitgebers und fühlen sich ausgeliefert. Mit dem Kontrollverlust geht oftmals eine nachlassende Aktivität, niedergeschlagene Stimmung und Antriebslosigkeit einher. In diesem Zustand sinkt die Wahrscheinlichkeit, Veränderungen aktiv anzugehen und ein hohes Maß an Leistungsvermögen einzubringen. Die Mitarbeiter »versinken« in Passivität. Die depressive Stimmung kann sich auch auf die nicht betroffenen Mitarbeiter ausbreiten. Kleine Andeutungen, es könne doch noch Hoffnung geben, kann bei Betroffenen zu partiellem Kontrollerleben führen. Sie klammern sich an den ihnen angebotenen Strohhalm, versuchen unter äußerster Anstrengung und hoher psychischer Beanspruchung scheinbare Bedingungen zu erfüllen. Die Betroffenen sind extrem angespannt, setzen ihre psychischen Reserven ein und sind in großer Gefahr, diese Anstrengungen gesundheitlich nicht zu verkraften.

Der Dienstherr und Arbeitgeber muss deutlich aufzeigen, in welchen Bereichen der betroffene Mitarbeiter Einflussmöglichkeiten hat und wo nicht. Im Rahmen der Möglichkeiten sind die Betroffenen soweit als möglich in die Entscheidungsprozesse über ihre beruflichen Schicksale einzubeziehen. Sofern der Beschäftigte keine Einflussmöglichkeit hat, ist ihm diese auch nicht vorzutäuschen.

5. Sinnkrise

Jede Trennung im beruflichen Kontext kann bei Mitarbeitern eine Sinnkrise auslösen. Dies insbesondere dann, wenn sich der Mitarbeiter mit seiner Arbeit, seiner Aufgabe identifiziert hat, er wesentliche persönliche Motive (z. B. Ausüben von Macht, Mitmenschen helfen können) in seiner Tätigkeit befriedigen konnte oder das mit der Arbeit verbundene Einkommen ein wesentlicher oder notwendiger Teil seines Selbstbildes war (z. B. die Frau/der Mann, der/die die Familie ernährt). Diese Möglichkeit der Sinnstiftung im Leben geht dem Mitarbeiter durch die Trennung zeitweise oder andauernd verloren.

Es gilt, den betroffenen Mitarbeiter davon abzubringen, ausschließlich die negativen Folgen der Trennung zu beachten, sondern auch an die eventuell vorhandenen Vorteile einer beruflichen und vielleicht auch privaten Veränderung zu denken. Selbstverständlich ist diese Vorgehensweise bei Personen, die große finanzielle Sorgen und geringe Aussicht haben, der Arbeitslosigkeit zu entgehen, nicht angebracht. Die bislang von den Mitarbeitern erbrachten Leistungen sind zu würdigen und ihr Wert für die Institution und dessen Zielsetzungen herauszustellen. Es sind die Gründe zu benennen, weshalb ein Aufgabenwandel stattfindet und die Trennung erforderlich ist.

6. *Vor und nach der Verkündung der Trennung*

Bereits vor der Verkündung der Trennung kursieren in vielen Behörden und Kommunen bereits Gerüchte über das bevorstehende Ereignis. Viele Mitarbeiter haben eine Vorahnung; sie spüren, dass etwas »in der Luft liegt«. Diese Gerüchte und Vorahnungen wirken sich negativ auf die Leistungsbereitschaft und -fähigkeit der Institution aus. Flexible und arbeitsmarkttauglich qualifizierte Mitarbeiter richten sich darauf ein, ihre berufliche Zukunft in alternativer Weise zu planen, z. B. indem sie Kontakt zu anderen Arbeitgebern aufnehmen. Lang- und mittelfristige Ziele werden nur noch mit geringer Intensität verfolgt. Der Arbeitseinsatz lässt im Allgemeinen nach, einige Mitarbeiter versuchen durch hektische Aktivitäten und Zugeständnisse das Schicksal noch positiv zu beeinflussen. Dieser Zustand der Ungewissheit und Sorgen ist für die Institution und die Mitarbeiter in jeglicher Hinsicht kontraproduktiv und sollte alsbald durch klare Entscheidungen beendet werden.

Unmittelbar nach der Trennungsnachricht ist beim einzelnen Mitarbeiter mit einem leichten Schock zu rechnen (Sauer, 1991). Trotz aller Vorahnung trifft die Nachricht – die Hoffnung stirbt zuletzt – unvermittelt und heftig, der Mitarbeiter scheint abwesend und erstarrt zu sein. In dieser ersten Verarbeitungsphase kann es passieren, dass der Mitarbeiter die Trennungsnachricht nicht wahrhaben will und sie leugnet. Er ist Argumenten und Vorschlägen in diesem Zustand noch nicht zugänglich. Die zweite Verarbeitungsphase ist durch starke und wechselnde Emotionen gekennzeichnet. Mitarbeiter können ärgerlich und wütend, dann wieder depressiv und unsicher sein. Kleinste Indizien können Keimzellen für große Hoffnungen werden, die Trennung doch noch rückgängig machen zu können. Durch unvorsichtige Bemerkungen können Führungskräfte diese Phase unnötigerweise verlängern. In einer dritten Verarbeitungsphase – die eventuell erst nach mehreren Wochen eintritt – hat sich der Mitarbeiter emotional stabilisiert, hat sich mit der Trennung abgefunden und kann sich aktiv der neuen Situation stellen. Jetzt ist der Betroffene in der Lage, seine berufliche und private Zukunft neu zu planen, Vorstellungen zu entwickeln. In dieser Phase benötigen manche Mitarbeiter Unterstützung, die eigenen beruflichen Stärken und Schwächen zu erkennen, realistische Zielvorstellungen zu entwickeln und diese auch adäquat umzusetzen.

Die Übermittlung der Trennungsnachricht an den Mitarbeiter wird für viele direkte Vorgesetzte eine Situation darstellen, die mit starker Unsicherheit und Befürchtungen verbunden ist. Dies folgt sicherlich daraus, dass Vorgesetzte im öffentlichen Sektor in der Regel selten Trennungsgespräche führen. Zudem müssen die Vorgesetzten die Nachricht an Mitarbeiter weitergeben, mit denen sie üblicherweise seit langer Zeit arbeiten und mit denen sie in einigen Fällen sogar freundschaftlich verbunden sind. Vorgesetzte benötigen zur Bewältigung dieser Situation klare Vorgaben für die Gesprächsführung und emotionale Unterstützung, die beispielsweise im Rahmen einer Fortbildung oder von Coaching vermittelt werden kann.

7. Leistungsfähigkeit der Institution aufrechterhalten

Angesichts einer bevorstehenden Trennung werden sich viele Betroffene die Frage stellen, inwieweit sich das Engagement am aktuellen Arbeitsplatz lohnt. Sofern die Mitarbeiter die Trennung als unausweichlich erleben, haben sie in der Regel keinen Anreiz mehr, sich in der Arbeit zu engagieren. Die beruflichen Tätigkeiten werden auf ein Minimum reduziert, mittel- und langfristige Vorhaben nicht mehr verfolgt. Es werden Überstunden abgebaut, noch ausstehender Urlaub genommen, Krankheiten vollständig auskuriert. Die übertragenen Arbeiten werden nicht mehr mit der gewohnten Gewissenhaftigkeit erledigt. Im Extremfall besteht die Gefahr, dass sich Mitarbeiter nicht nur von ihrer Arbeit zurückziehen, sondern sogar ihre oder die Arbeit anderer sabotieren, indem z. B. unzutreffende Informationen weitergegeben, Vorgesetzte oder Kollegen verleumdet, Akten »verlegt«, Schriftstücke vernichtet oder Dateien gelöscht werden[1].

---

[1] Ein Beispiel aus dem privaten Sektor: Nach dem Beschluss zur Schließung des AEG-Werkes in Nürnberg und der Verlagerung der dortigen Produktion von Waschmaschinen in ein konzerneigenes Werk in Polen erläuterten Werksangehörige (pers. Mitteilung), dass sie die Kosten der Schließung für den Konzern in die Höhe treiben wollten. Es wird von einem Krankenstand von 30 bis zu 50 Prozent berichtet; dies habe bedeutsame Produktionsausfälle zur Folge.

Welche Möglichkeiten bestehen für das Personalmanagement, diese Entwicklungen zu vermeiden und die Leistungsfähigkeit der Organisation aufrechtzuerhalten? Der direkte Vorgesetzte wird in der Regel das Verhalten der Mitarbeiter nicht mehr durch die üblichen Leistungsanreize (z. B. In-Aussicht-Stellen von Beförderungen oder attraktiven Fortbildungsmaßnahmen) beeinflussen können. Auch Sanktionen werden in der Regel nicht greifen. Es bleibt jedoch die Möglichkeit, an der persönlichen Beziehung zwischen Vorgesetzten und Mitarbeiter anzusetzen. Der Vorgesetzte kann sich beim Mitarbeiter für die bisherigen Leistungen bedanken und ihren Wert hervorheben sowie ihn persönlich bitten, die Arbeit zu einem guten Abschluss zu bringen. Durch die Behördenleitung muss geprüft werden, wie die Zeit zwischen Ankündigung der Trennung und der Trennung selbst verkürzt werden kann. Zudem sollten Maßnahmen eingesetzt werden, mit denen konstruktive Handlungsweisen des Mitarbeiters bis zur Trennung *nach* der Trennung belohnt werden können. Ein Beispiel wäre, dass spezielle Outplacement-Angebote (siehe unten) für besonders leistungsfähige und motivierte Mitarbeiter bereitgestellt werden.

Es ist nicht auszuschließen, dass auch die verbleibenden, nicht von der Trennung betroffenen Mitarbeiter besonderen Belastungen ausgesetzt werden und hierdurch die Leistungsfähigkeit der Organisation beeinträchtigt wird. Zu denken ist hierbei zum einen an die zunehmende quantitative Arbeitsbelastung, die zu einer andauernden Überlastung der Mitarbeiter führen kann. Zum anderen ist zu berücksichtigen, ob die verbleibenden Mitarbeiter angesichts ihrer Qualifikationen und Erfahrungen tatsächlich in der Lage sind, die Tätigkeiten der von der Trennung betroffenen Mitarbeiter zu übernehmen. Schließlich müssen die verbleibenden Mitarbeiter zur Aufrechterhaltung der Motivation überzeugt werden, dass die Krise der Organisation bald überwunden und nicht dauerhaft ist.

8. Outplacement

Zur Vorbereitung und Unterstützung von Trennungen hat sich im privaten Sektor das Instrument Outplacement als hilfreich erwiesen. Nach Mayrhofer (1989) beschäftigt sich Outplacement »...mit der Trennung von Individuum und Organisation und den vielfältigen damit verbundenen Konsequenzen für alle Beteiligten« (S. 56). Dabei können auf den Mitarbeiter und auf die Organisation bezogene Ziele unterschieden werden (siehe auch Schmook, 2001). Die Mitarbeiter sollen bei der Verarbeitung der Trennung unterstützt und bei der Suche nach neuen Berufswegen gefördert werden. Wesentliche Ziele auf Seiten der Organisation sind:

- Verringerung der Trennungskosten für die Organisation,
- Unterstützung bei der Übermittlung von Trennungsnachrichten,
- positive Beeinflussung der verbleibenden Mitarbeiter,
- Demonstration einer fairen Trennungskultur nach innen und außen.

Im Mittelpunkt des Outplacements steht der betroffene Mitarbeiter mit seinen Gefühlen, Hoffnungen und Zukunftsplänen. Durch Beratung soll der Mitarbeiter in die Lage versetzt werden, die Trennung zu akzeptieren und eine positive Grundeinstellung zum Veränderungsprozess zu erlangen. Des Weiteren wird er darin gefördert und unterstützt, neue berufliche Zukunftspläne zu entwerfen und diese umzusetzen. Dies geschieht z. B. durch Stärken-Schwächen-Analysen, Erarbeitung eines Eignungsprofils und durch die Gestaltung von aussagekräftigen Bewerbungsunterlagen. Daneben gilt es auch, den betroffenen Mitarbeiter bei der Lösung von alltagspraktischen Problemstellungen – wie beispielsweise »Wie kann ich die Trennungsnachricht meinem sozialen Umfeld erläutern?«, »Was mache ich mit den hohen Tilgungsraten für mein Hypothekendarlehen?« – zu beraten. Daneben wird die Organisationsleitung bei der Gestaltung des Trennungsprozesses unterstützt und Führungskräfte auf die Übermittlung von Trennungsnachrichten vorbereitet (Rodà, 2005).

Outplacement wird häufig durch externe Dienstleister erbracht, kann aber auch durch interne Berater erfolgen. Beim Einsatz von externen Beratern ist aus Sicht der Organisation darauf zu achten, dass diese Berater nicht solche Mitarbeiter aus dem Beratungsangebot ausschließen, die vermutlich durch die Trennung besonders hart betroffen oder schwierig in neue Tätigkeitsfelder zu integrieren wären. Im Rahmen der Prüfung von Outplacement-Angeboten können extrem hohe Erfolgsquoten ein Indiz für den Ausschluss von schwierigen Fällen sein.

Literatur

Gourmelon, A. (2005). Berufswahlmotive von Nachwuchsbeamten und deren Einfluss auf Studienleistungen. *Der Öffentliche Dienst, 12,* 265-270.

Mayrhofer, W. (1989). Outplacement – Stand der Diskussion. *Die Betriebswirtschaft, 49,* 55-68.

Rodà, P. (2005). Outplacement: Von der Karriere-Krise zur beruflichen und persönlichen Neuorientierung. In W. Gross (Hrsg.), *Karriere(n) 2010* (S. 202-226). Bonn: Deutscher Psychologen Verlag.

Sauer, M. (1991). *Outplacement-Beratung.* Wiebaden: Gabler.

Schmook, R. (2001). Ausgliederung aus dem Berufsleben. In H. Schuler (Hrsg.), *Lehrbuch der Personalpsychologie* (S. 589-616). Göttingen: Hogrefe.

Personalfreisetzung: Gestaltungs- und Steuerungsaspekte für den öffentlichen Sektor

Prof. Dr. Michael D. Mroß

1. Einleitung

Als eine der Kernaufgaben zeitgemäßen Personalmanagements – verstanden als Managementaufgabe – ist neben anderen Funktionen auch die systematische und verantwortungsvolle Anpassung des verfügbaren Personalbestandes an den tatsächlich benötigten anzusehen. Während diese Aufgabe in der privaten Wirtschaft seit jeher zu den Standardfunktionen der Personalwirtschaft gehört, erscheint das Ansinnen, die Freisetzung von Personal für den öffentlichen Sektor zu thematisieren, auf den ersten Blick beinahe überflüssig, auf den zweiten Blick andererseits wiederum in hohem Maße angemessen zu sein. Angesichts beamtenrechtlicher Regelungen und Tabuisierung der betriebsbedingten Kündigung könnte es unnötig erscheinen, das Thema der Personalfreisetzung für den öffentlichen Sektor näher zu beleuchten. Auf der anderen Seite sollte die beinahe allerorts angespannte Haushaltslage zwangsläufig zu der offenkundigen Erkenntnis führen, dass nennenswerte Ersparnisse bzw. Kostenreduktion letztlich und tatsächlich wohl nur über die Personalseite zu realisieren sein werden. Anderweitige, noch so eifrig betriebene Optimierungs- und Einsparungsaktivitäten werden aufgrund der Personalkostendominanz nicht zu Effekten auf die Haushaltslage führen (können), welche die öffentliche Hand spürbar entlasten. Wenn an dieser Stelle daher Gestaltungs- und Steuerungsaspekte der Personalfreisetzung betrachtet werden, dann geschieht dies mit der Intention, Konsolidierungsaktivitäten eine personalwirtschaftliche Begleitung mit auf den Weg zu geben. Es erscheint in Zeiten extrem angespannter Haushaltssituationen und perspektivisch vermutlich nicht mehr überall auszuschließenden betriebsbedingten Kündigungen ratsam, eine systematische Bewertung der grundsätzlichen Handlungsoptionen zu bieten, um die Freisetzung von Personal – wenn sie schon letztlich nicht vermeidbar sein sollte – wenigstens doch so weit wie möglich planvoll steuernd zu gestalten.

2. Qualifikation und Motivation: Die Ressource der Personalwirtschaft

Das Management von personalwirtschaftlichen Funktionen wie Personalbeschaffung, Personalentwicklung, Personalfreisetzung etc. setzt zunächst einmal die Klärung des verwendeten Verständnisses von »Personal« voraus. Diese Fragestellung ist keineswegs trivial und wird in der personalwirtschaftlich orientierten wissenschaftlichen Literatur durchaus ambivalent diskutiert (Neuberger, 1997, S. 17ff). Auf den ersten Blick irritierend könnte die Feststellung sein, dass ein betriebswirtschaftlicher Personalbegriff nicht (sic!) zwangsläufig auf einzelne Mitarbeiter als Personen abstellt. »*Personal* ist – als Aggregatbegriff – nicht eine Versammlung individueller Persönlichkeiten, sondern ein geformtes System« (Neuberger, 1994, S. 12). Aus der Perspektive der (Verwaltungs-)Leitung folgt daraus, dass zur Sicherstellung eines qualifizierten Dienstleistungsangebotes es eines adäquaten Bestandes an Qualifikationen und Motivationen (Personalvermögen) bedarf. Dass Qualifikationen und Motivationen faktisch an die Person von Mitarbeitern gebunden sind, steht selbstredend außer Frage. Dennoch macht es personal-*wirtschaftlich* einen Unterschied, z.B. im Bereich der Personalbeschaffung zunächst abstrakt Qualifikationen nachzufragen oder aber die Akquise von Personen zum Ziel zu haben. So ist die Beschaffung von neuen bzw. aktualisierten Qualifikationen beispielsweise auch über Weiterbildung und Personalentwicklung möglich, ohne dass Personen einzustellen sind. Nicht von ungefähr wird die Weiterbildung/Personalentwicklung regelmäßig auch als interne Personalbeschaffung bezeichnet. In dieser Betrachtung tritt deutlich hervor, dass im Rahmen eines betriebswirtschaftlichen Personalwesens nicht die Personen als solche im Mittelpunkt stehen (können), sondern die in ihnen in Form von Qualifikationen und Motivationen verkörperte Ressource: das Personalvermögen (Mroß, 2001; Thielmann-Holzmayer, 2005, 6ff).

Für personalwirtschaftliche Aktivitäten aller Art stellt sich daher als Kernaufgabe die Herausforderung, für den (Verwaltungs-)Betrieb das zur Sicherstellung der Leistungsfähigkeit *erforderliche* Personalvermögen bedarfs- und zeitgerecht bereitzustellen. Die Betonung der Erforderlichkeit lenkt die Perspektive auf die Fragestellung, welches Niveau bzw. welche Qualitäten von Personalvermögen in welchem Umfang und mit welcher Bindungsintensität dem öffentlichen Sektor zur Erfüllung seiner Aufgaben tatsächlich, betrieblich notwendig, zur Verfügung stehen sollen. Vor dem Hintergrund und der Erwartung fortschreitender Privatisierungstendenzen, weitergehender Reduzierung des öffentlichen Aufgabenspektrums und fortdauernder monetärer Haushaltsrestriktionen ist die Notwendigkeit einer professionalisierten tatsächlichen Bewirtschaftung der »Ressource der Personalwirtschaft« (vgl. Ortner, 2004) – dem Personalvermögen – evident. So selbstverständlich wie etwa Investitionsvorhaben als Verwendung der Ressource Geldmittel dem ökonomischen Kalkül genügen müssen, so wird es letztlich auch für den öffentlichen Sektor unvermeidbar sein, die Verwendung der Ressource Personalvermögen nicht lediglich zu verwalten und arbeits- bzw. dienstrechtlich abzuwickeln, sondern entsprechend seiner wirtschaftlichen Bedeutung zu gestalten und zu steuern, sprich ein *Management* zu gewährleisten.

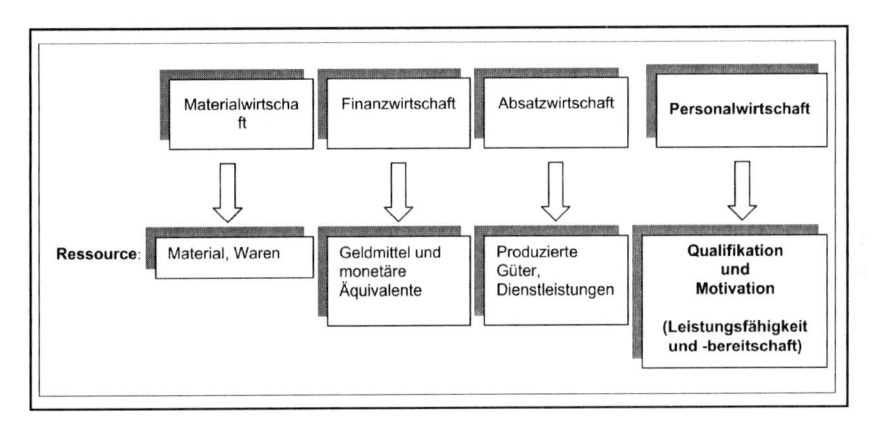

Abbildung 1: Die Ressource der Personalwirtschaft

3. Verständnis und Arten der Personalfreisetzung

Als Teilbereich der allgemeinen Personalplanung bezeichnet ein professionelles Management der Personalfreisetzung(splanung) allgemein die gedankliche Vorwegnahme einer Reduzierung des Personalbestandes bzw. präziser: die Reduzierung des zur Verfügung stehenden Personalvermögens. Personalfreisetzung steht für eine Deaktivierung von Qualifikationen und Motivationen (vgl. Klimecki & Gmür 2001, S. 298). Differenziert lässt sich weiter unterscheiden nach der Reduzierung des dem Betrieb vor Ort zur Verfügung stehenden Personalvermögens in quantitativer, qualitativer oder temporärer Hinsicht (Abbildung 2).

```
┌─────────────────────────────────────────────────────┐
│              ┌──────────────────────────┐            │
│              │ Verfügung über Qualifikation und │    │
│              │         Motivation        │            │
│              │     (Personalvermögen)   │            │
│              └──────────────────────────┘            │
│                 │         │         │                │
│         ┌───────────┐ ┌───────────┐ ┌───────────┐    │
│         │ quantitativ│ │ qualitativ │ │ temporär  │    │
│         └───────────┘ └───────────┘ └───────────┘    │
└─────────────────────────────────────────────────────┘
```

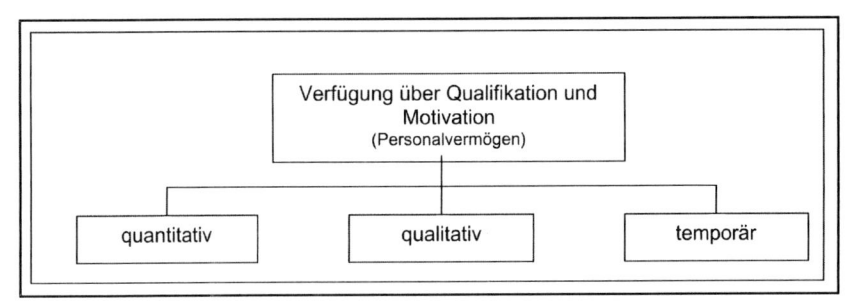

Abbildung 2: Ausprägungen der Verfügung über Qualifikation und Motivation (Personalvermögen)

Eine Verringerung des Personalvermögens in quantitativer Hinsicht liegt beispielsweise vor, wenn zur Erledigung eines Aufgabenfeldes, etwa aufgrund von (Teil-)Privatisierung, Outsourcing etc., weniger Arbeitskräfte benötigt werden. Die Reduzierung ist bezogen auf das Aufgabenfeld von Dauer und erfasst sowohl niedrigere als auch höhere Niveaus von Personalvermögen, d. h. sowohl gering, mittel als auch hoch qualifizierte Arbeitskräfte.

Eine qualitative Reduzierung des Personalvermögens liegt dagegen vor, wenn sich die Anforderungen zur Erledigung eines Aufgabenfeldes verändert haben, sodass zur erfolgreichen Aufgabenerfüllung entweder ein höheres oder geringeres Niveau an Personalvermögen erforderlich ist. Bei beiden Alternativen ist aus personalwirtschaftlicher Sicht ein Substitutionsprozess angezeigt, in dem das jeweils weniger erforderliche Personalvermögen zugunsten des anderen reduziert wird. Zu denken sei hier beispielshalber an solche private Teilvergabe von öffentlichen Aufgaben, durch die der öffentlichen Hand verstärkt oder erstmals eine Steuerungs- und Kontrollfunktion (z. B. Kontraktmanagement im Bereich der Freien Wohlfahrtspflege) zukommt, oder auch an das so genannte e-government, welches die Anforderungen an die Beschäftigten des öffentlichen Sektors mittel- bis langfristig vermutlich pluralisierend aufspreizen und den Bedarf an mittlerem Niveau an Personalvermögen reduzieren wird. Ein professionalisiertes Personalmanagement, das dem Management-Gedanken tatsächlich Rechnung trägt, hat sowohl auf eine dann denkbare Überforderung als auch Unterforderung der Arbeitskräfte zu reagieren. Während überforderte Mitarbeiter per definitionem nicht über die betrieblich notwendigen Qualifikationen verfügen, werden unterforderte Mitarbeiter dem Verwaltungsbetrieb ceteris paribus nur mit einer verringerten Arbeitszufriedenheit bzw. Motivation zur Verfügung stehen. In beiden Fällen besteht personalwirtschaftlicher Handlungsbedarf, der u. U. auch die Alternative der Personalfreisetzung umfasst, wenn es darum geht, die Ressource der Personalwirtschaft den betrieblichen Erfordernissen auch qualitativ anzupassen.

In zeitlicher Hinsicht ist die Dauer oder der Umfang angesprochen, während dessen dienstgeberseits über Personalvermögen verfügt werden kann. Als offenkundig »weiches« Instrument der Reduzierung der Verfügbarkeit über Personalvermögen kommt etwa der Abbau von Überstunden oder auch die Nichtverlängerung befristeter Arbeitsverträge in Betracht.

Personalfreisetzung kann als personalwirtschaftliche Teilfunktion i. w. S. als Teilaufgabe der Personalplanung verstanden werden. Als solche kann die Freisetzung ihrem zeitlichen Bezug nach sowohl antizipativ als auch reaktiv erfolgen.

Im Rahmen antizipativer Personalfreisetzungsplanung gilt es, mithilfe geeigneter Analysen und Prognosen der Personalbedarfsfeststellung das zukünftige Entstehen von Personalüberhängen schon im Vorfeld zu vermeiden. Der Management-Gedanke im Sinne einer steuernden Gestaltung der Personalfreisetzung tritt hier deutlich hervor. Künftig als wahrscheinlich erkannte Personalüberhänge können auf diese Art und Weise durch verschiedene, vermeintlich mildere Maßnahmen abgehandelt werden, wie sie etwa in der Nutzung natürlicher Fluktuation oder so genannter kw-Vermerke, Wiederbesetzungssperren etc. bestehen. Im Falle reaktiver Personalfreisetzung hingegen ist der Personalüberhang bereits eingetreten bzw. durch unvorhergesehene Ereignisse entstanden. Die weichen Maßnahmen der antizipativen Freisetzungsplanung können nun nicht mehr greifen. Soll die Überkapazität an Personalvermögen, sei es in qualitativer und/oder quantitativer Hinsicht, nicht hingenommen werden, kommt für eine reale Reduzierung des Personalbestandes insbesondere die im öffentlichen Sektor bislang kaum verbreitete betriebsbedingte Kündigung in Betracht.

Sowohl für die antizipative als auch für die reaktive Freisetzungsplanung bieten sich verschiedene konkrete Vorgehensweisen an. Eine Alternative der weiteren Systematisierung dieser Möglichkeiten besteht darin zu unterscheiden, ob mit der konkreten Maßnahme in einen laufenden Arbeitsvertrag[1] eingegriffen wird oder nicht. Die Zuordnung ist dabei nicht in jedem Falle eindeutig, da bestimmte Maßnahmen, wie etwa der Einstellungsstopp (s. u.), sowohl als vorausschauendes Instrument (antizipativ) genutzt werden können als auch reaktiv z. B. in Verbindung mit der natürlichen Fluktuation. Tendenziell können jedoch Maßnahmen ohne den Eingriff in

---

1 Auf Lebenszeit beamtete Mitarbeiter sind aktiven Freisetzungsmaßnahmen faktisch weitgehend entzogen. Unter Steuerungsgesichtspunkten kann an dieser Stelle daher nur auf eine Variation der Einstellungspraxis hingewiesen werden. Andere Formen der Beamtung (insbes. auf Probe, auf Widerruf) entsprechen vertragsökonomisch einer Bindung auf Zeit, wie sie betriebswirtschaftlich weitgehend analog auch in der Befristung von Arbeitsverträgen angesehen werden kann.

laufende Arbeitsverträge eher der antizipativen Freisetzungsplanung zugeordnet werden und umgekehrt.

4. Der Einstellungsstopp als problematische Maßnahme der Personalfreisetzung

Als eher weiche Anpassungsmaßnahme lässt sich der so genannte Einstellungsstopp charakterisieren. Aufgrund seiner großen Bedeutung für den öffentlichen Sektor soll darauf ausführlicher eingegangen werden. Ohne in laufende Arbeitsverträge eingreifen zu müssen, kann hier im Zeitverlauf mittelbar eine Reduzierung des Personalbestandes herbeigeführt werden. Als unterschiedliche Erscheinungsformen lassen sich unterscheiden:
- genereller Einstellungsstopp,
- modifizierter Einstellungsstopp,
- qualifizierter Einstellungsstopp.

Als umfassendste und zugleich undifferenzierteste Form verlangt der generelle Einstellungsstopp, dass *keinerlei* Einstellungen erfolgen. Weder Ersatz- noch Neueinstellungen sollen durchgeführt werden und die Maßnahme trifft sämtliche Ebenen und alle Gruppen von Mitarbeitern des Verwaltungsbetriebes. Der Einstellungsstopp führt jedoch für sich genommen nicht zu einer Verringerung des Personalbestandes und kann daher nur als ein mittelbares Instrument angesehen werden. Ein tatsächlicher Abbaueffekt tritt nur ein, wenn auch Fluktuation oder Austritte aus Altersgründen etc. stattfinden. Im Hinblick auf die qualitative Ausstattung mit Personalvermögen sowie hinsichtlich der örtlichen Verteilung der Reduzierung entsteht zudem ein Zufälligkeitseffekt. Es stellt sich ggf. das Problem der negativen Selektion, wenn z. B. sich gerade derjenige Bestand an Qualifikationen reduziert bzw. durch Fluktuation verloren geht, der im Hinblick auf eine aktuelle Problemlage oder strategische Ausrichtung der Kommune zwingend benötigt wird. Des Weiteren können auf betrieblicher Ebene u. U. solche Bereiche betroffen sein, deren Personalausstattung eher mäßig ist. Insgesamt führt der generelle Einstellungsstopp zu einem nicht/kaum zu steuernden Eingriff in die Personal(vermögens)struktur, insbesondere was deren qualifikatorische, lokal-quantitative, geschlechtliche oder arbeitsbezogene Zusammensetzung angeht. Von einem tatsächlichen *Management* der Personalfreisetzung kann daher in diesem Falle eher nicht die Rede sein. Diese Ausprägung des Einstellungsstopps kann sich folglich nur in solchen (seltenen) Fällen anbieten, in denen der Struktur des zur Verfügung stehenden Personals keine Bedeutung für den Organisationserfolg beigemessen wird.

Den angesprochenen Problemen kann durch den modifizierten oder qualifizierten Einstellungsstopp partiell gegengesteuert werden. Auf Kosten eines dann aber i. d. R. quantitativ geringeren Abbaueffektes wird es seitens der verantwortlichen Stellen möglich, gestaltend und steuernd den Freisetzungsprozess zu begleiten. Der modifizierte Einstellungsstopp ist dadurch charakterisiert, dass hier in Ausnahmefällen Einstellungen stattfinden können, wenn diese sich nach einer genauen Prüfung als unumgänglich erweisen. Die verantwortliche Stelle ist hier gut beraten, die Prüfung der vermeintlichen Ausnahmefälle nach objektivierbaren Kriterien zu gestalten. Erfahrungsgemäß werden Bereichsleitungen ein Eigeninteresse dahingehend an den Tag legen, Ausnahmen gerade für ihren Bereich – i. d. R. auch sektoral gut nachvollziehbar – vorzutragen. Soll der Kerngedanke des Einstellungsstopps, die Reduzierung des Personalbestandes, nicht ins Leere laufen, gilt es, überprüfbare Kriterien darüber zu entwickeln, wann eine Einstellung als unvermeidbar anzusehen ist. Für die praktische Umsetzung bietet sich – der Logik der Neuen Steuerung folgend – ggf. die Fixierung einer maximalen, *nicht veränderbaren* Gesamtanzahl von Ausnahme-Einstellungen an, über deren Verteilung die Bereichsleitungen selbstständig verhandeln. Im Rahmen des qualifizierten Einstellungsstopps kann schließlich das Personalmanagement die Maßnahme für bestimmte Personalkategorien und Verwaltungsbereiche differenziert gestalten. Bestimmte Teilbereiche der Gesamtverwaltung können zielgerichtet von dem Einstellungsstopp ausgenommen werden, sodass hier insbesondere Ersatzeinstellungen möglich sind. Darüber hinaus könnten z. B. ihrer strategischen Bedeutung wegen auch bestimmte Arten oder Niveaus von Personalvermögen vom Einstellungsstopp befreit werden. Der qualifizierte Einstellungsstopp bietet sich besonders für Situationen an, in denen ein langfristig angelegtes Ziel, wie die Herstellung einer bestimmten Personalstruktur, nicht aus den Augen verloren gehen oder aufgrund von zufälligen Effekten (negative Selektion) zunichtegemacht werden soll, zugleich aber eine Reduzierung des Personalbestandes weiterverfolgt wird.

5. Strategische Aspekte der Gestaltung und Steuerung der Personalfreisetzung

5.1 Das »Vier-Schichten-Modell«

Die Personalfreisetzung im öffentlichen Sektor einem aktiven Management zuzuführen bedeutet aus einer strategischen Personalperspektive heraus durchaus mehr als reaktiv oder auch antizipativ auf potenzielle oder reale Personalüberhänge zu reagieren. Es gilt hier insbesondere die vertraglichen und personal-strukturellen Voraussetzungen für eine zeitgemäße Gestaltung dieser Funktion zu schaffen. Ein strategisch ausgerichtetes Personalmanagement wird auch im Hinblick auf die Personalfreisetzung der begründeten Herausforderung gegenüberstehen, Fragen des Personalbestandes in einem in sich schlüssigen *Gesamtkonzept* zu verorten und dadurch handhabbar zu machen. Eine Möglichkeit der Systematisierung des betrieblicherseits notwendigen Personalvermögens besteht darin, den Gesamtbestand an Personal(vermögen) im Rahmen eines »Vier-Schichten-Modells« abzubilden (vgl. Mroß 2004, S. 46f).

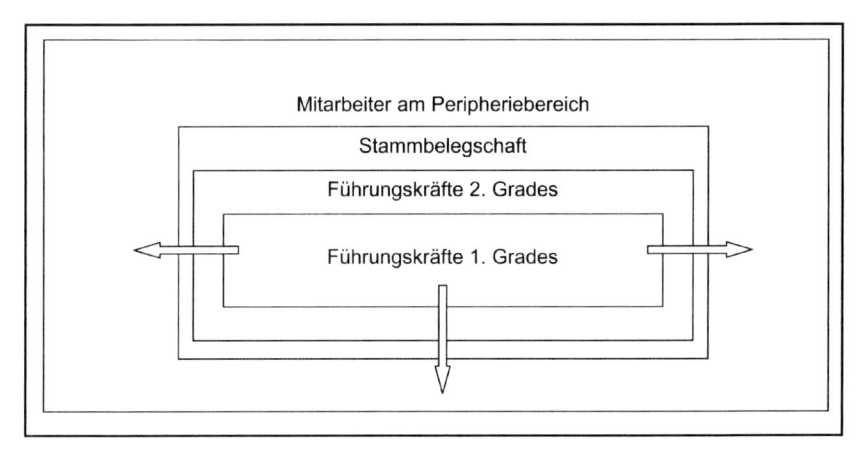

Abbildung 3: Beschäftigte des Betriebes im Vier-Schichten-Modell

Die innere Kerngruppe, Führungskräfte 1. Grades, steht übertragen auf den öffentlichen Sektor für das betriebsnotwendige Personalvermögen derjenigen Mitarbeiter, die typische Arbeitgeberfunktionen im engsten Sinne wahrnehmen und beispielsweise die Befugnis besitzen, selbstverantwortlich Einstellungen vorzunehmen oder Kündigungen auszusprechen. Mitarbeiter dieser Kategorie nehmen regelmäßig Funktionen im strategischen Bereich wahr und üben aus ihrer Position heraus einen nachdrücklichen Einfluss auf die langfristige Gesamtentwicklung der Organisationseinheit aus. Im öffentlichen Sektor handelt es sich dabei oft – nicht immer – um politisch gefärbte Positionen, deren Inhaber regelmäßig Beamte sind. Mitarbeiter in der Kategorie der Führungskräfte 2. Grades sind sämtliche anderen Führungskräfte, die zwar keine originären Arbeitgeberfunktionen wahrnehmen, denen jedoch Kraft ihrer Position ein bedeutender Einfluss auf den Erfolg eines organisatorischen Teilbereichs, insbesondere in taktischer Hinsicht, zuzusprechen ist. Dem Bereich der Stammbelegschaft lässt sich im öffentlichen Sektor ein Großteil der Beschäftigten zuordnen. Es handelt sich regelmäßig um gut qualifizierte Fachkräfte bzw. Führungskräfte der mittleren Hierarchieebene. Diese Gruppe von Mitarbeitern verfügt individuell nur bedingt über Einfluss auf den Erfolg des betreffenden organisatorischen Teilbereichs. Als qualifizierte Kräfte mit klassischen Regelarbeitsverträgen oder Verbeamtungen genießen sie im öffentlichen Sektor ein hohes Maß an individueller Beschäftigungssicherheit. Mitarbeiter am Peripheriebereich des betrieblichen Personalspektrums repräsentieren eine Gruppe von Beschäftigten, deren vertragliche Bindung vergleichsweise lose gestaltet ist. Angesprochen sind hier beispielsweise Mitarbeiter aus Arbeitsüberlassungsverträgen, Mitarbeiter auf Honorarbasis sowie auch befristet eingestellte Kräfte, gleich welcher Hierarchiestufe. Zu erwarten ist, dass Aspekte wie Loyalität und innere Verbundenheit u. dgl. bei dieser Gruppe relativ gering ausgeprägt sind. Der Einfluss auf den (verwaltungs-)betrieblichen Erfolg ist ebenfalls als äußerst gering einzuschätzen, da diese Mitarbeiter regelmäßig auch nicht in sensiblen Organisationsbereichen eingesetzt werden. In der Vergangenheit waren es üblicherweise die Mitarbeiter des Peripheriebereichs, die im Falle einer aktiven Personalreduktion, d. h. von Maßnahmen, die über den Einstellungsstopp hinausgehen, betroffen waren. Begründet liegt dies in der Tatsache, dass hier, ohne das Instrument der betrieblichen Kündigung anzuwenden, die Freisetzung »einfach« möglich ist, auch ohne in laufende (Arbeits-)Verträge bzw. ökonomisch betrachtet analoge Vertragskonstrukte einzugreifen.

5.2 Ansatzpunkte Gestaltung und Steuerung der Personalfreisetzung

Ein Personalmanagement im öffentlichen Sektor, das auch realiter mehr sein will und muss als die traditionelle Personalverwaltung, steht künftig vor der Notwendigkeit strategisch ausgerichtet zu sein. Der Bedeutung der Ressource Personal(vermögen) entsprechend gilt es, sich die ökonomische Binsenweisheit zu vergegenwärtigen, dass »Arbeit« kein homogenes Gut darstellt und unterschiedliche Ausprägungen dieser Ressource unterschiedliche Leistungsbeiträge bedingen. Um dieser Herausforderung gerecht werden zu können, hat die Funktion der Personalfreisetzung die Verantwortung dafür zu tragen, dass einerseits Personalreduktion überhaupt vertraglich möglich ist sowie andererseits auch gleichzeitig strategische Ziele der Verwaltung berücksichtigt werden, indem etwa die Bindung, Commitment, Loyalität etc. derjenigen nachhaltig gefördert werden, die einen *hinreichend* hohen Einfluss auf den Gesamterfolg der Organisation besitzen. Ist demnach abzusehen, dass künftig das o. g. klassische Handlungspotenzial bzgl. der Mitarbeiter am Peripheriebereich als nicht (mehr) ausreichend angesehen wird, hat das Personalmanagement die vertraglichen und organisatorischen Voraussetzungen dafür zu schaffen, den Handlungsrahmen zu erweitern, um dem strategischen Führungsbereich überhaupt einen personellen Steuerungsbereich zu eröffnen. Dies kann einerseits – und im vordergründig einfachsten Fall – dadurch geschehen, dass verstärkt und unter Verwendung *kreativster* Umsetzungsmöglichkeiten Mitarbeiter im Bereich der vertraglich flexiblen vierten Schicht eingestellt werden. Zu diesen Mitarbeitern wären im Zuge eines aktiven Beziehungsmanagements – auch im Falle einer ggf. vorübergehenden Freistellung – stabile Bindungen aufzubauen und zu pflegen, um auf deren Qualifikationen und Motivationen im Bedarfsfall wiederum flexibel zurückgreifen zu können. Der Verwaltung stünde hier im Idealfall ein Pool von eingearbeiteten Qualifikationen zur Verfügung, ohne mit den Trägern dieser Qualifikationen eine langfristige formale Bindung einzugehen. Im Falle einer notwendigen Personalreduktion könnte so auf das wenig präzise Instrument des Einstellungsstopps in den anderen drei Bereichen mitunter verzichtet, undifferenzierte Abgänge von Personalvermögen verhindert und langfristige Ziele weiterverfolgt werden.

Eine andere, weitaus komplexere Option besteht darin, die Möglichkeiten zu nutzen bzw. zu schaffen, die Durchlässigkeit zwischen den einzelnen Schichten zu erhöhen und dadurch eine Verschiebung des Handlungspotenzials der Personalfreisetzung von innen nach außen (vgl. den Pfeil in Abbildung 1) zu bewirken. Personalmanagement im öffentlichen Sektor, unabhängig davon, wo konkret diese Funktion im Einzelfall angesiedelt ist, hat einerseits dafür Sorge zu tragen, der Verwaltungseinheit diese Handlungsoption real überhaupt zu eröffnen. Dazu ist das Personalmanagement andererseits aber auch mit den entsprechenden Kompetenzen und Befugnissen auszustatten, um diese – dann tatsächliche – *Managementaufgabe* überhaupt erfüllen zu können. Um ein Beispiel zu geben: Eine Ausbildungs- und Einstellungspraxis, die sich bereits mehrere Jahre vor der eigentlichen Verwendung aufgrund von formalen oder informellen Einstellungszusagen bindet, nimmt zum einen für sich in Anspruch, über mehrere Jahre hinweg sichere Prognosen über einen qualifikationsadäquaten Bedarf leisten zu können, was angesichts von technischem Fortschritt (z.B. Stichwort »e-government«) oder politischen Entwicklungen (z.B. Stichwort »Hartz IV«) oder veränderten gesellschaftlichen Prioritäten (z.B. Privatisierung, PPP) etc. mehr als unwahrscheinlich erscheint! Zum anderen bleibt das tatsächliche Handlungspotenzial der Personalfreisetzung in diesem Fall weiterhin begrenzt auf Mitarbeitergruppen des Peripheriebereichs, sodass allenfalls mit Einstellungsstopps eine zeitlich träge Reduktion stattfinden kann. Darüber hinaus werden dadurch hochgradig spezifische Qualifikationen (so genanntes spezifisches Humankapital) generiert, die außerhalb des öffentlichen Dienstes – zum Beispiel im Falle nicht übernommener Inspektorenanwärter – so gut wie nicht beruflich verwertbar sind, wodurch wiederum ein mindestens latenter Druck auf die Personalverantwortlichen der operativen Ebene entsteht, der dem Reduktionsziel eher entgegensteht.

6. Fazit

Das Thema der Personalfreisetzung zu thematisieren ist für den öffentlichen Sektor – und nicht nur für diesen – ein unerfreuliches und wenig beliebtes Thema. Für den öffentlichen Bereich kommt hinzu, dass insbesondere die aktive Freistellung, d. h. Freistellung, die über das passive Instrument des Einstellungsstopps hinausgeht, bislang auf breiter Ebene (noch?) eher ein Randthema darstellt. Es galt daher im Rahmen dieses Beitrags zunächst ein systematisches Bild von den grundsätzlichen Handlungsoptionen zu vermitteln, wobei andere Ordnungen der einzelnen Freistellungsinstrumente möglich und je nach Ziel ggf. auch sinnvoll sind. Es spricht u. E. viel für die Annahme, dass Entwicklungen wie Privatisierung, Reduzierung auf Kernaufgaben, verschuldete Haushalte, »e-government«, gesellschaftlicher Legitimationsdruck öffentlicher Aufgabenwahrnehmung etc. sich auch weiter gegenseitig verstärken und in der Summe das gesellschaftlich-politisch akzeptierte und betriebswirtschaftlich mögliche »Soll« an Personal im öffentlichen Sektor reduzieren werden. Der öffentliche Sektor täte insofern gut daran, sich *frühzeitig* auf eine Intensivierung dieser bereits heute deutlich wahrnehmbaren Tendenzen vorzubereiten und ihnen ein schlüssiges Gesamtkonzept entgegenzusetzen, das mehr Antworten auf absehbare Personalüberhänge zu geben im Stande ist, als das zwar konfliktarme, aber auch unelastische und undifferenzierte Instrument des Einstellungsstopps.

Literatur

Klimecki, R. G. & Gmür, M. (2001). *Personalmanagement (2. Aufl.)*. Stuttgart: Lucius & Lucius.

Mroß, M. D. (2001). *Risiken bei Investition in das Personalvermögen und Strategien zu deren Absicherung*. München/Mering: Hampp.

Mroß, M. D. (2004). Führungskräfte-Entwicklung als Investition in das unternehmerische Personalvermögen. In U. Seebacher & G. Klaus (Hrsg.), *Handbuch Führungskräfte-Entwicklung* (S. 43-56). USP Publishing.

Mroß, M. D. & Thielmann-Holzmayer, C. (2005). *Zeitgemäßes Personalmanagement. Erfolgreiche Bereitstellung und Nutzung von Personalvermögen*. Wiesbaden: DUV.

Neuberger, O. (1994). *Personalentwicklung (2. Aufl.)*. Stuttgart: Enke.

Neuberger, O. (1997). *Personalwesen 1*. Stuttgart: Enke.

Ortner, G. H. (2004). Womit wirtschaftet die Personalwirtschaft? Das Personalvermögen. *Magazin für Personalwirtschaft und Weiterbildung, 1*, 4-5.

Thielmann-Holzmayer, C. (2005). Das Personalvermögenskonzept als Grundlage einer zeitgemäßen und ökonomisch orientierten Personalwirtschaft. In M. D. Mroß & C. Thielmann-Holzmayer (Hrsg.), *Zeitgemäßes Personalmanagement. Erfolgreiche Bereitstellung und Nutzung von Personalvermögen* (S. 3-34). Wiesbaden: DUV.

Einsatzmöglichkeiten eignungsdiagnostischer Tools im Rahmen der beruflichen Neuorientierung

Barbora Zimmer und Christine Kirbach

1. Überblick

Dieser Beitrag befasst sich mit den Möglichkeiten zur Unterstützung der beruflichen Neuorientierung bei Mitarbeitern in Veränderungssituationen. Es werden Methoden und Instrumente beschrieben, die eine praxiserprobte und auch wissenschaftlich fundierte Unterstützung und damit einen deutlichen Mehrwert für die betroffenen Mitarbeiter bieten können. Darüber hinaus wird die Situation, in der sich die Betroffenen befinden, aus psychologischer Sicht betrachtet und entsprechende Lösungsmöglichkeiten diskutiert.

2. Ausgangslage

Gerade in Zeiten des Umbruchs bleibt oft kein Stein mehr auf dem anderen. Nicht nur privatwirtschaftliche Unternehmen, sondern auch der öffentliche Sektor sind von einschneidenden Umstrukturierungen, Zusammenlegungen und Outsourcing-Aktivitäten betroffen. Das, was auf dem Papier als Zahlenbetrachtung erscheint, ist in Wirklichkeit eine ganz besonders schwierige Situation für die von den Veränderungen betroffenen Mitarbeiter, sei es, dass sie sich selbst nun mit veränderten Tätigkeiten konfrontiert sehen oder, und das ist der vermeintlich noch schlimmere Fall, dass ihr Qualifikationsprofil nicht mehr den unmittelbaren Anforderungen dieser sich veränderten Berufswelt entspricht oder es aus Kosteneinsparungsgründen ihre bisherige Tätigkeit bzw. Position zukünftig nicht mehr geben wird.

In allen Fällen sehen sich die Betroffenen in einer Situation, die sie nicht selbst verursacht und auch nicht freiwillig aufgesucht haben, sodass eine vernünftige Begleitung und Unterstützung der Mitarbeiter seitens der Organisation einen entscheidenden Beitrag zum Umgang mit den Veränderungen leisten muss. Im Wesentlichen geht es hierbei um das Anbieten von Hilfestellung bei der beruflichen Orientierung. Im Fokus stehen hier jedoch nicht das Anstreben einer grundlegenden neuen Ausbildung oder das Absolvieren eines neuen Studiums, sondern die Überlegung, welche Kompetenzen jemand neben seinem fachlichen Qualifikationsprofil mitbringt und welche neuen beruflichen Perspektiven sich hieraus ergeben können.

Die besondere Herausforderung entsteht in diesem Fall dadurch, dass die betroffenen Mitarbeiter in der Regel schon älter sind und lange im Berufsleben stehen. Viele von ihnen haben sich im Laufe ihrer beruflichen Laufbahn von ihrem ursprünglichen Ausbildungsberuf entfernt und waren in ganz unterschiedlichen Positionen und Organisationsbereichen tätig, wobei sie über sehr viele unterschiedliche Fachqualifikationen verfügen. Ansätze, wie sie in der Berufsorientierung junger Menschen Anwendung finden, greifen in diesem Fall zu kurz. Insbesondere wenn die Betroffenen eine ganz neue Tätigkeit in einem vielleicht auch fremden Gebiet übernehmen sollen, kommt es nicht so sehr auf den derzeitigen Ist-Stand und das aktuelle Verhalten an, sondern vielmehr auf ihre Entwicklungsmöglichkeiten. In diesem Fall genügt es nicht, z. B. im Gespräch den aktuellen Wissensstand und den Ausbildungshintergrund zu betrachten. Es muss die Fähigkeit bzw. Kompetenz der betreffenden Person, sich das benötigte Wissen rechtzeitig anzueignen, analysiert werden und auch die Beurteilung des Könnens und der persönlichen Passung muss auf die Zukunft gerichtet sein.

Um für diese Zielgruppe eine fundierte Beratung vornehmen zu können, bedarf es daher einer umfassenden Potenzialanalyse, die sich jenseits der Fachkenntnisse vor allem darauf konzentriert, was jemand an Talenten, Interessen und psychologischen Kompetenzen mitbringt. Erst auf der Basis einer solchen umfangreichen Datenlage kann ermittelt werden, welche beruflichen Möglichkeiten, die nicht dem originären Qualifikationsprofil entsprechen, für die betroffenen Mitarbeiter infrage kommen. Professionelle Methoden zur Potenzialanalyse sind im besonderen Maße also dann notwendig, wenn man Mitarbeiter mit neuen Aufgabenfeldern beauftragen, sie in eine ganz andere Arbeitsumgebung versetzen oder ihnen ggf. auch vollkommen andere berufliche Möglichkeiten aufzeigen möchte, da sich die Rahmenbedingungen ihrer derzeitigen Tätigkeit verändern.

3. Instrumente zur Potenzialerfassung

Die Ansichten und Meinungen dazu, welche Instrumente zur Potenzialerfassung am besten geeignet sind, gehen in der Praxis der Personalarbeit mitunter recht weit auseinander. Viele erfolgreiche Personalverantwortliche bevorzugen das persönliche Interview, in zahlreichen Unternehmen hält man es für selbstverständlich, dass niemand das Potenzial seiner Mitarbeiter besser einschätzen kann als der jeweilige Vorgesetzte, und manche Personalverantwortliche halten allein Prüfungen im weitesten Sinne (von Zeugnissen bis hin zu Prüfungsfragen im Rahmen von Interviews) für aussagekräftig. Wiederum andere sind der Ansicht, dass gerade Potenzial eher mithilfe psychologischer Testverfahren ermittelt werden kann. Mit Testverfahren gelingt vor allem die langfristige Prognose besonders gut, da diese gerade das zukünftig relevante Potenzial, nicht aber den aktuellen Stand gut erfassen können (Hossiep, 1995).

Wie auch in anderen Bereichen sind jedoch monomethodische Vorgehensweisen nicht optimal.

Leistung von Verfahren zur Potenzialeinschätzung

Validität (gemessen am Berufserfolg)

Verfahren	Validität allein	Verf.+ Test
Leistungstest	0,51	
+ Biographische Daten	0,35	0,52
+ Assessment-Center (Verhalten)	0,37	0,53
+ Berufserfahrung	0,18	0,54
+ Einstellungsgespräch, normal	0,38	0,55
+ Persönlichkeit / Arbeitshaltung (Tests)	0,31	**0,60**
+ Einstellungsgespräch, strukturiert	0,51	**0,63**
+ Arbeitsproben	0,54	**0,63**

Quelle: Schmidt / Hunter (1998)

Abbildung 1: Leistung von Verfahren zur Potenzialeinschätzung

Bei der Aufschlüsselung der Leistungsfähigkeit der einzelnen Instrumente durch Schmidt und Hunter (1998) fällt auf, dass einzelne Methoden über eine weniger gute Validität verfügen, also weniger gut geeignet sind, Personalentscheidungen und Potenzialanalysen als alleiniges Instrument zu unterstützen. Wie in der Medizin, in der ebenfalls oft erst der Einsatz verschiedener diagnostischer, z. B. bildgebender Verfahren die Ursache eines Leidens aufzudecken vermag, ist auch in der psychologischen Berufseignungsdiagnostik die Verknüpfung verschiedener Methoden sinnvoll, so gleichen sich die in jeder Methode innewohnenden Messfehler aus und man gewinnt eine umfangreichere und gesichertere Datenlage.

Die Aussagekraft jedes dieser unterschiedlichen Verfahren allein ist also begrenzt; wesentliche Fortschritte werden erst dann erreicht, wenn man Methoden miteinander kombiniert (Hossiep, 2000). So ist etwa die Kombination von Verfahren zur Erfassung der Persönlichkeit und zur Erfassung von Leistung effektiv und ganz besonders gilt dies für die parallele Anwendung von verhaltensnahen professionellen Interviews und Testverfahren. Es liegt also nahe, Potenzialanalysen mit einem breiten Methodeninventar durchzuführen. Zur beruflichen Neuorientierung für Personen, die sich auch weiter von ihrem originären Qualifikationsprofil entfernen müssen, bedeutet dies konkret, dass eine Kombination aus testgestützter Potenzialanalyse verbunden mit einem auf diesen Ergebnissen aufbauenden Gespräch eine optimale Leistungsfähigkeit birgt.

Hierbei sollte vor allem darauf geachtet werden, dass sowohl zu den Fähigkeiten und Fertigkeiten Aussagen getroffen werden können als auch die affektive Passung zu bestimmten Tätigkeiten Berücksichtigung findet. Damit ein Mitarbeiter seine Tätigkeit für ein Unternehmen produktiv ausführen kann, sind mindestens drei Bedingungen erforderlich (s. Abbildung 2): Der Arbeitnehmer muss wissen, was in der jeweiligen beruflichen Situation das geforderte Verhalten ist. Er muss dieses Wissen auch tatsächlich in Verhalten umsetzen können, also zum Beispiel über die Fähigkeiten und Fertigkeiten verfügen, die zur Erbringung der jeweiligen Leistung erforderlich sind. Und er muss von seiner Persönlichkeit her das richtige Verhalten auch umsetzen wollen (Comelli & von Rosenstiel, 1995). Das wird in der Regel dann der Fall sein, wenn sein Arbeitsstil, seine Motivation (Heckhausen, 1989) und seine beruflichen Neigungen zu seiner beruflichen Tätigkeit passen.

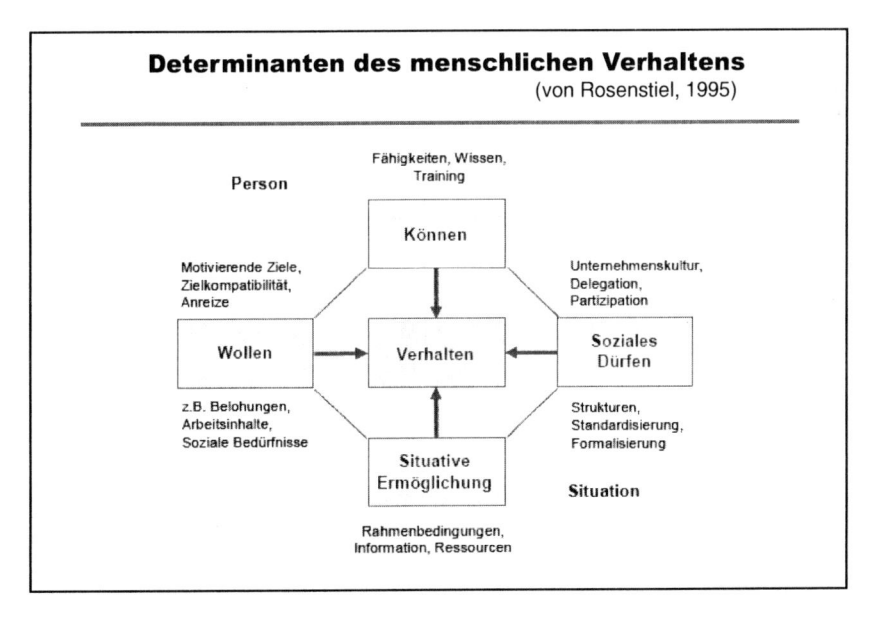

Abbildung 2: Determinanten des menschlichen Verhaltens

Eine Potenzialanalyse zur beruflichen Neuorientierung muss also die einzelnen Komponenten des Könnens, Wollens und Wissens betrachten. Dies gelingt optimal in einer Kombination von psychologischen Testverfahren und darauf aufbauendem persönlichen Gespräch.

4. IT-gestützte Potenzialanalyse

Psychologische Testverfahren waren früher Instrumente, die in Deutschland vor allem fachintern (weit überwiegend an Universitätsinstituten und nur von Diplom-Psychologen) entwickelt und verwendet wurden. Wollte man ein solches Instrument für die Potenzialanalyse nutzen, war es oft erforderlich, eine größere Anzahl von Testverfahren dafür heranzuziehen, auch wenn aus jedem dieser Verfahren nur wenige Einzelaspekte für die Fragestellung relevant waren. Ein erfahrener Psychologe brachte die Testergebnisse mit den beruflichen Anforderungen in Verbindung. Durch ihn wurde auch sichergestellt, dass das oft sehr aufwendige und vor allem fehleranfällige Vorgehen bei der Testvorgabe, Auswertung und Normierung qualitativ professionalisiert wurde.

Die seit etwa Mitte der 80er-Jahre verfügbaren Möglichkeiten der Informationstechnik für die Durchführung von Tests haben die Situation grundlegend verändert. Diese Entwicklung schreitet fort; seit Kurzem werden zum Beispiel entsprechend leistungsfähige Ansätze auch im Internet realisiert (Beck, 2002; Konradt & Sarges, 2003). Ein Beispiel für eine solche Internet-Testplattform ist PERLS (Kirbach et al., 2004). Dieses System stellt zirka 100 Testdimensionen bereit, aus denen die für die jeweilige Fragestellung relevanten ausgewählt werden. Die Vorgabe und die Auswertung erfolgen automatisch und IT-gestützt. Die Ergebnisse können entweder als Ergebnisprofil oder mit einer für die jeweilige Fragestellung spezifischen schriftlichen Interpretation zurückgemeldet werden. Diese Rückmeldung kann durchaus sehr komplexer Art sein. In bestimmten Anwendungsfällen werden aus bis zu 14.000 Textbausteinen in Abhängigkeit von den individuellen Ergebnissen die passenden Texte ausgewählt und kombiniert.

Die automatische Auswertung und Interpretation bieten darüber hinaus ein gutes Fundament für persönliche Beratungsgespräche. Auf der Basis der im Vorfeld durchgeführten Potenzialanalyse können persönliche Stärken identifiziert, individuelle Empfehlungen generiert und gemeinsame Maßnahmen zur weiteren Vorgehensweise erarbeitet werden. Hinzu kommt, dass die Gesprächsführenden weitere Unterstützung für die Gesprächsdurchführung in Form von individualisierten Gesprächsleitfäden erhalten, welche aufgrund der erzielten Testwerte automatisch Hinweise auf bestimmte Ausprägungen oder Kombinationen bieten. Dadurch können sie das Gespräch mit dem Mitarbeiter auf die entscheidenden Kompetenzen und Aspekte konzentrieren.

Insbesondere in Kontexten, in denen nicht immer Psychologen oder Berater bei der beruflichen Neuorientierung unterstützen, bietet die Testauswertung eine wertvolle Hilfe.

Auch ohne Gespräch kann eine selbstgesteuerte Potenzialanalyse einen hohen Nutzen bieten. So kann kostengünstig flächendeckend jedem Mitarbeiter eine Selbsttestung angeboten werden. Die Ergebnisse können in einer für das Unternehmen speziell konzipierten Weise ausgewertet werden, zum Beispiel mit konkreten Hinweisen, welche Form der beruflichen Orientierung für die getesteten Mitarbeiter besonders empfehlenswert wäre. Der Mitarbeiter erhält als Ergebnis neben einem ausführlichen Feedback zu seinen Kompetenzen und Potenzialen und neben Optimierungshinweisen auch eine auf seinen individuellen Potenzialen basierende Empfehlung zu für ihn möglichen Tätigkeitsbereichen (Kirbach & Wottawa, 2005).

5. Berufliche Orientierung in der Praxis

Nachdem die Überlegungen zum optimalen methodischen Vorgehen bei der Begleitung von beruflicher Um- oder Neuorientierung dargestellt worden sind, geht es in dem folgenden Teil um die konkrete Umsetzung in der Praxis. Fragen und Aspekte, die hier Berücksichtigung finden bzw. beleuchtet werden sollen, gehen insbesondere auf die spezielle Situation der Betroffenen ein, greifen aber auch die Perspektive der Beratenden auf. Darüber hinaus werden Rahmenbedingungen, innerhalb derer diese Beratungsleistung stattfinden soll, betrachtet.

5.1 Perspektive der Betroffenen

Umstrukturierung der persönlichen Ziele

Wenn man sich die Situation der von der Umstrukturierung betroffenen Mitarbeiter anschaut, wird schnell erkennbar, dass sich nur die wenigsten von ihnen freiwillig für den Schritt der beruflichen (Um)Orientierung entschieden haben. Die meisten Betroffenen empfinden die veränderte Situation als »von außen erzwungen« und ohne eigene Mitsprache oder persönliche Einflussmöglichkeit. Häufig ist das Erleben geprägt durch das Gefühl, der Situation hilflos ausgeliefert zu sein, und das führt bei vielen Menschen zu mehr oder weniger ausgeprägtem Stresserleben. Hinzu kommt, dass Veränderungen bei Menschen oft Verunsicherung auslösen, weil das bisherige Vorgehen mit seinen Regeln und Gesetzmäßigkeiten nicht mehr funktioniert, es jedoch nur sehr vage Vorstellungen davon gibt, wie es zukünftig gestaltet werden kann. Die Zukunft selbst ist also in dem Moment noch weniger planbar, als sie es bis zu diesem Zeitpunkt gewesen ist.

Das kann auch dazu führen, dass die von den Betroffenen angestrebten beruflichen und persönlichen Ziele nicht mehr in derselben Art und Weise wie bisher erreicht werden können und neue Wege der Zielerreichung gesucht werden müssen oder dass die Ziele insgesamt revidiert und neu formuliert werden, um für die Zukunft wieder Handlungsfähigkeit zu erlangen. Nach Brunstein und Meier (1996) sind persönliche Ziele antizipierte Zustände und Ereignisse, die für eine Person von individueller Bedeutung sind. Sie zeigen, wonach eine Person in ihrer gegenwärtigen Lebenssituation strebt und was sie in Zukunft in unterschiedlichen Lebensbereichen erreichen oder vermeiden möchte. Berufliche und persönliche Ziele
- bieten Anreize – je nach Aufgabe und Anforderung – zu geistigen, sozialen und körperlichen Aktivitäten anzuspornen,
- definieren Orientierungspunkte für die Planung und Ausgestaltung des eigenen Lebens,
- setzen »Handlungsenergie« frei,
- bieten die Erfahrung, ein erfülltes und selbstbestimmtes Leben zu führen, wenn man nach den eigenen Zielen streben kann.

Und hierin liegt eine wesentliche Herausforderung jedes Einzelnen: In einschneidenden Veränderungssituationen verlieren die ursprünglichen Ziele ihre Wirksamkeit, der Mensch muss sich neu orientieren, sein individuelles Zielsystem bewerten und ggf. an die neuen Gegebenheiten anpassen. Und das tut er meist nicht »freiwillig«, sondern weil ihm aufgrund der Rahmensituation keine andere Möglichkeit bleibt, sich mit den Veränderungen auseinanderzusetzen. Hinzu kommt die emotionale Betroffenheit darüber, dass sich die bisherigen Strukturen auflösen und noch niemand genau weiß, wie sich die neuen Strukturen entwickeln werden. Vor diesem Hintergrund wird es aus psychologischer Sicht auch verständlich, wenn Menschen an ihren bisherigen Zielen festhalten, auch wenn sie vielleicht nicht mehr zur aktuellen Situation passen. Diejenigen, die es relativ zeitnah schaffen, ihre beruflichen und persönlichen Ziele an die veränderte Situation anzupassen, werden schneller wieder ihre ursprüngliche Handlungsenergie aktivieren können und die zur Zielerreichung notwendigen Aktivitäten initiieren. Diejenigen, die länger an »alten« Zielen festhalten, investieren ihre Handlungsenergie in Vorhaben, die zu der aktuellen Situation nicht mehr passen.

Zusammenfassend betrachtet besteht die psychologische Herausforderung der von den Umstrukturierungen betroffenen Mitarbeiter darin, die Reorganisation des persönlichen Zielsystems durch Prozesse der Ablösung von bisherigen Zielen und der Ausrichtung auf neue Ziele zu bewältigen, um wieder zukunftsbezogen handlungsfähig zu werden. Mitarbeiter, die beide Teilprozesse aktiv gestalten, sind in der Lage, ihre Zielprioritäten an die wechselnden Anforderungen und Gelegenheiten einer neuen Situation anzupassen. Durch das Angebot der beruflichen Orientierung wird ebendiese Zielreorganisation insbesondere im beruflichen Bereich professionell begleitet und die Formulierung neuer Perspektiven, auf die sich Aktivitäten fokussieren können, wird erleichtert.

Erreichung der persönlichen Ziele

Wenn man sich mit der individuellen Beratung und damit einhergehend mit dem menschlichen Verhalten beschäftigt, wird bald deutlich, wie unterschiedlich Menschen über eine ganz bestimmte (definierte) Situation denken, wie sie diese wahrnehmen, welche Schlussfolgerungen sie daraus ziehen, welche Entscheidungen sie letztendlich treffen und welche Handlungen daraus resultieren. Sinnvoll ist es, sich die Ursachen für diese Unterschiede einmal genauer anzuschauen (vgl. Abbildung 3).

Zuerst gibt es dort verschiedene Aspekte, welche in der Person selbst liegen. Zuerst einmal sind für die Wahrnehmung einer Situation und die Ableitung von Handlungszielen die individuellen Motive, Normen, Einstellungen und Werte eines Menschen bedeutsam, d. h. die »Persönlichkeitsstruktur« – also die persönlichen Eigenschaften und Fähigkeiten eines Menschen – beeinflusst die Art und Weise, wie die Welt wahrgenommen wird und welche Ziele jemand verfolgt. Des Weiteren sind für die Handlungsplanung die kognitiven Kompetenzen wichtig, denn mithilfe dieser Kompetenzen können Analysen im Vorfeld der Handlungssteuerung durchgeführt und entsprechende Handlungsalternativen daraus abgeleitet werden. Hinzu kommt die persönliche Erfahrung eines Menschen, die ihm »Hilfestellung« bei der Bewertung der möglichen Handlungsalternativen bietet, sowie die »instrumentellen« Kompetenzen, auch Fertigkeiten genannt, die insbesondere bei der Umsetzung des Handlungsplans zur Zielerreichung wichtig sind. Durch die Bewertung der Handlungsfolgen (Ist das Ziel erreicht worden oder nicht? Welche Gründe gibt es dafür?) resultieren wiederum Lerneffekte für die einzelnen Bereiche (Lantermann, 1980).

Aber auch die Situation, in welcher das Handeln zur Erreichung der Ziele stattfindet, wird näher betrachtet. Hier geht es zum einen um das Abschätzen der zur Verfügung stehenden Mittel, die notwendig sind, um die eigenen Ziele zu erreichen. Auch ist es möglich, dass die Anreize für verschiedene Handlungsalternativen ganz unterschiedlich sind und ebenfalls mit dafür verantwortlich sind, wie jemand die einzelnen Handlungsalternativen bewertet. Und schließlich gibt es Restriktionen oder Rahmenbedingungen, die einige Handlungsoptionen unattraktiv erscheinen lassen oder Aspekte

(Selbstverpflichtungen), welche die Umsetzung der Vorhaben einschränken bzw. behindern.

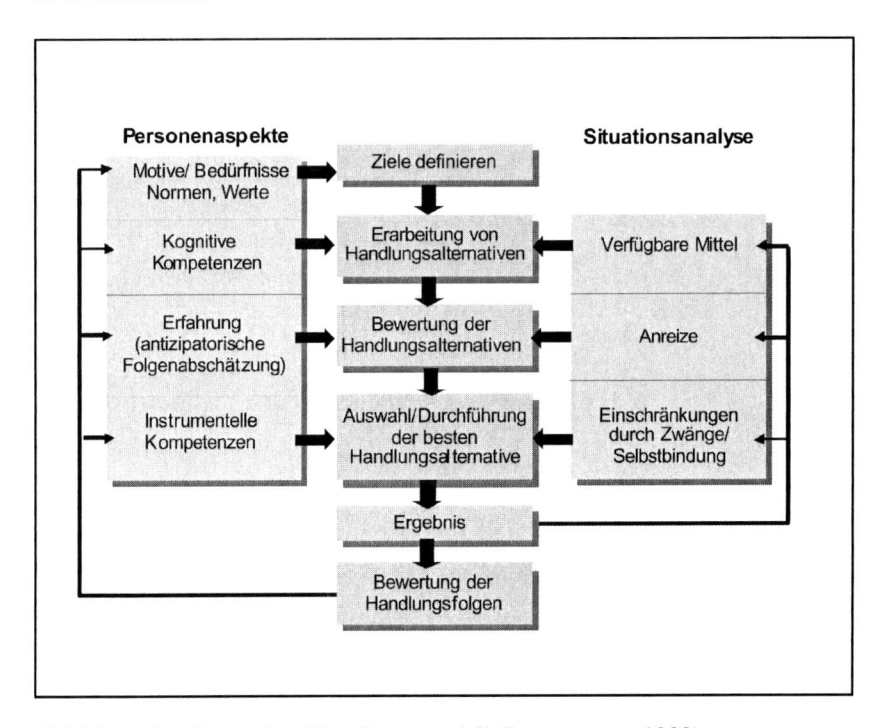

Abbildung 3: Allgemeines Handlungsmodell (Lantermann, 1980)

Für die Beratung und Begleitung von Mitarbeitern in der Phase der beruflichen Orientierung sind es genau diese Aspekte, die darüber entscheiden, welche Perspektiven und Chancen jemand für sich erkennt, welche Ziele er für sich individuell definiert, welche Rahmenbedingungen er für sich als relevant ansieht, welche Beschränkungen er sich selbst setzt und letztlich auch die Entscheidung darüber, was er zukünftig konkret tun möchte. Mit genau diesem Prozess wird dann auch der Berater konfrontiert und diesen Prozess gilt es bestmöglich zu steuern. Bezogen auf das Eingangsproblem der beruflichen Orientierung können aus diesem Modell die folgenden Implikationen abgeleitet werden:

Durch eine Potenzialanalyse auf Basis psychologischer Kompetenzen können insbesondere die Personenaspekte Motive, Einstellungen und Arbeitshaltungen (Werte und Normen) sowie die kognitiven Kompetenzen in strukturierter Form erfasst werden. Diese Facetten der Persönlichkeit sind bei der Ermittlung des Potenzials und der daraus resultierenden Empfehlung für eine mögliche berufliche Richtung entscheidend. Sie sorgen dafür, dass Menschen mit einer bestimmten, passenden psychologischen Kompetenzausprägung die Anforderungen einer entsprechenden (neuen) Tätigkeit mit einer höheren Wahrscheinlichkeit erfolgreich bewältigen können, wenn gleichzeitig das Engagement und die Leistungsbereitschaft bei allen potenziellen Mitarbeitern konstant bleiben. Mithilfe der entsprechenden Testverfahren lassen sich gerade diese Aspekte sehr gut und mit einem geringen Zeitaufwand erfassen.

Eine durch die Potenzialanalyse festgestellte Kompetenzausprägung bietet also eine gute Grundlage zur Aktivierung der Motivation, sich in eine bestimmte Richtung zu orientieren und dementsprechend ein bestimmtes Ziel zu verfolgen (Nerdinger, 1995). Konkret bedeutet dies, dass ein Mitarbeiter, der z. B. Kompetenzen im Umgang mit Menschen (also Menschen verstehen, beraten und überzeugen kann) und im Umgang mit Sprache mitbringt, leistungsmotiviert und kontaktfreudig ist und eine gewisse Stressresistenz aufweist. Mit diesen Kompetenzen bringt er grundsätzlich sehr gute Voraussetzungen für die unterschiedlichsten Tätigkeiten in ganz verschiedenen Branchen und Tätigkeitsfeldern mit. Und genau dies kann ihm auch im Rahmen der Potenzialanalyse als Möglichkeitsraum in Form von relativ allgemein gehaltenen Tätigkeitsbeschreibungen zurückgemeldet werden. Somit erhält der betroffene Mitarbeiter durch die Rückmeldung zum einen konkrete Hinweise zu seinen Stärken und Potenzialen, zum anderen wird der Möglichkeitsraum in Form von allgemeinen Positionsbeschreibungen für den Mitarbeiter eröffnet. Das heißt: Die Empfehlungen, die aus der Analyse der Potenziale resultieren, sollen eine Kreativitätshilfe sein und Anregungen bieten, mit deren Hilfe der eigene Orientierungsprozess gezielt angeregt werden soll. Es geht hier also um die Unterstützung des Punktes Erarbeitung von Handlungsoptionen für die berufliche Orientierung, wenn der Mitarbeiter für sich das Ziel definiert hat, dass er sich verändern möchte (vgl. Abbildung 3).

Ob und inwieweit er die Potenziale nutzt und die Empfehlungen in seine weiteren Überlegungen einbezieht, hängt jedoch von anderen Faktoren ab, die sich erst im Beratungsgespräch herausarbeiten lassen. Auf der Personenseite beeinflusst die bisherige (Berufs)Erfahrung die weitere Entscheidungsfindung. Wenn jemand bereits positive Erfahrungen mit der Übernahme ganz fachfremder Tätigkeiten erworben hat, steht er wahrscheinlich auch von seiner derzeitigen Tätigkeit weiter entfernten Optionen aufgeschlossen gegenüber. Wohingegen ein anderer Mitarbeiter, der bereits lange in einem Tätigkeitsbereich arbeitet und noch keine Erfahrungen mit der Übernahme fachfremder Aufgaben gesammelt hat, neuen Bereichen eher skeptisch entgegenschaut. Darüber hinaus kann es sehr gut sein, dass jemand, der ein großes Potenzial und Offenheit für neue Dinge mitbringt, trotzdem noch Defizite in seinen Fertigkeiten und dem vorhandenen Wissen aufweist. Hier müsste er dann die entsprechenden Qualifizierungsmaßnahmen absolvieren, um sich die notwendigen Kenntnisse anzueignen. Gerade diese Aspekte gilt es in der Beratung herauszuarbeiten und zu prüfen, an welchen Stellen bestimmte Aspekte einer Handlungsoption im Wege stehen.

Aber Aspekte der Situation entscheiden darüber, welche Handlungsoptionen näher betrachtet werden und ob sie auch in die Tat umgesetzt werden. Zum einen geht es um die Möglichkeiten und Mittel, die jedem Betroffenen zur Verfügung stehen. Vielleicht muss nur eine kurze Qualifizierungsmaßnahme absolviert werden, für die es ausreichend Plätze gibt, vielleicht muss der Betroffene aber auch erhebliche Mühen auf sich nehmen, um die Voraussetzungen für den Neuanfang schaffen zu können. Ebenfalls ist die Frage nach den Anreizen in der Situation wichtig: Nur wenn es für den Betroffenen eine reizvolle Handlungsalternative ist und er bei dem ganz individuell gestalteten Vergleich zwischen Kosten und Nutzen ein für sich positives Ergebnis generieren kann, wird er sich näher mit dieser Alternative befassen. Hinzu kommen jedoch auch Rahmenbedingungen, die jeder Betroffene für sich als bindend bzw. als »Sachzwang« erlebt, z. B. kann das die eingeschränkte Mobilität durch schulpflichtige Kinder oder durch einen Hausbau sein, aber auch ganz andere Gründe sind hier denkbar, die in der Beratung ebenfalls berücksichtigt werden müssen, wenn sich der Betroffene mit der Handlungsoption identifizieren soll. Hinzu kommen können auch Einschränkungen auf dem derzeitigen Arbeitsmarkt, wo vielleicht die gesuchte Stelle gerade nicht vakant ist.

Zusammenfassend kann festgestellt werden, dass die testgestützte Potenzialanalyse eine fundierte Basis für das Erkennen der eigenen Kompetenzen bietet, dass jedoch im Gespräch darüber hinaus weitere Aspekte berücksichtigt werden sollten, die die letztendliche Entscheidung des Betroffenen für eine bestimmte Handlungsoption ebenfalls beeinflussen. Das bedeutet allerdings, dass die Berater eine Schlüsselposition im gesamten Prozess der beruflichen Orientierung einnehmen, denn sie stehen vor der Aufgabe, diesen Prozess der Orientierung und Handlungssteuerung zu strukturieren und positiv zu fördern.

5.2 Das Beratungsgespräch

Im Beratungsgespräch erläutert der Berater dem Mitarbeiter die Ergebnisse aus der testgestützten Potenzialanalyse und stellt die psychologischen Kompetenzen dar. Auf der Basis der Ergebnisse wird dann gemeinsam besprochen, für welche beruflichen Perspektiven diese Kompetenzen eine gute Grundlage bieten und welche möglichen Einsatzfelder sich hieraus ergeben.

Im Rahmen der Prozessberatung kann der Berater mit ganz unterschiedlichen Reaktionen des betroffenen Mitarbeiters konfrontiert werden, auf die er eingehen muss. In der Regel sind die Betroffenen nicht im Umgang mit psychologischen Testergebnissen geschult, sodass sich hieraus typische Problemfelder für die Beratung ergeben.

Es kann beim Betrachten der Testergebnisse zu Missverständnissen kommen, weil psychologisch definierte Eigenschaften mit dem Alltagsverständnis betrachtet werden;
- es kann zu Akzeptanzproblemen kommen, weil sich die Betroffenen nicht im Testergebnis wiederfinden;
- es kann zu Enttäuschungen über das Testergebnis kommen, weil der Betroffene selbst die Ergebnisse in »gut« und »schlecht« einteilt;
- es kann emotionale Betroffenheit entstehen, weil der Betroffene den (fälschlichen) Eindruck gewinnt, dass seine bisherige berufliche Leistung bewertet worden ist;
- es kann auch eine grundlegende Skepsis gegenüber der Aussagekraft psychologischer Testverfahren geben.

Für die meisten Problemfelder, die bei der Arbeit mit Potenzialergebnissen deutlich werden, gibt es drei verschiedene Erklärungen und daraus resultierend auch Hinweise für den Umgang mit diesen Schwierigkeiten:

Der betroffene Mitarbeiter benötigt weitere Informationen zu psychologischen Tests und zu der Interpretation seiner individuellen Testergebnisse. In diesem Fall kann ihm der Berater die notwendigen Erläuterungen bieten und gemeinsam mit ihm ein »neues« Verständnis seiner Testergebnisse herausarbeiten, das sich an den schriftlichen Erläuterungen der Testergebnisse orientiert und von einem alltagssprachlichen Verständnis der erfassten Kompetenzen und Eigenschaften abgrenzt. In diesem Fall geht es also um das bessere inhaltliche Verstehen der Ergebnisse.

Im zweiten Fall (vgl. Abbildung 4) entsteht das Problemfeld dadurch, dass der betroffene Mitarbeiter eine andere Wahrnehmung von seinen Kompetenzen hat, als ihm durch die Testergebnisse zurückgemeldet wird. Es kann durchaus sein, dass er in einem solchen Fall einen »blinden Fleck« in seiner Selbstwahrnehmung hat, der erst durch die Rückmeldung der Testergebnisse klar erkennbar ist. In einem solchen Fall kann es auch hilfreich sein, dass der Betroffene Zeit hat, sich mit dem Ergebnis auseinanderzusetzen und andere Menschen nach deren Einschätzung zu fragen. Meistens lässt sich das Fremdbild des Tests auch durch die Fremdwahrnehmung anderer bestätigen.

VERHALTEN		mir selbst	
		bekannt	unbekannt
dem anderen	bekannt	**A** **Öffentliche Person** ist der Teil unserer Person, der sowohl uns als auch anderen bekannt ist & den wir offen und frei zeigen.	**C** **Blinder Fleck** bezeichnet den Anteil unseres Verhaltens, den wir selbst wenig, die anderen Mitglieder der Gruppe dagegen recht deutlich wahrnehmen.
	unbekannt	**B** **Privatperson** ist der Bereich des Verhaltens, der uns bekannt & bewusst ist, den wir aber anderen nicht bekannt gemacht haben oder machen wollen.	**D** **Unbekanntes** Dieser Bereich ist weder uns noch anderen unmittelbar zugänglich.

Abbildung 4: Unterschiede zwischen Selbst- und Fremdbild

Die dritte Erklärung für eine abwehrende Haltung den Ergebnissen gegenüber entsteht aus der Bedrohung des eigenen Selbstwerts heraus. Welche Rückmeldungen Menschen als selbstwertbedrohend erleben, ist sehr unterschiedlich, die Reaktion auf diese Bedrohung ist jedoch sehr ähnlich: Es zeigt sich eine emotionale Betroffenheit und die Tendenz, das eigene Verhalten zu rechtfertigen und die Aussagekraft der Potenzialanalyse infrage zu stellen. In einem solchen Fall wird das Ergebnis so lange nicht akzeptiert, wie der Betroffene den Eindruck hat, dass es sich um ein »subjektiv schlechtes« Ergebnis handelt, durch das er in seinem Selbstverständnis bedroht wird. Im Umgang mit einem solchen Problem braucht der Berater Fingerspitzengefühl, indem er durch Erläuterungen das Testergebnis für den Betroffenen akzeptabel macht.

Letztendlich wird das Beratungsgespräch nur dann erfolgreich sein und die Möglichkeiten ausschöpfen können, wenn der Berater es schafft, eine offene und vertrauensvolle Atmosphäre zu erreichen und den Schutz der Persönlichkeitssphäre zu wahren, indem auch mit den Potenzialergebnissen vertraulich umgegangen wird. In diesem Fall kann sich der Mitarbeiter auch eher auf den Prozess der beruflichen Umorientierung einlassen und in einem geschützten Raum gemeinsam mit dem Berater nach Möglichkeiten und Alternativen suchen.

5.3 Perspektive der Berater

Aus der bisherigen Beschreibung ist deutlich geworden, dass es sich bei dem Prozess der beruflichen Orientierung um ein komplexes, multifaktorielles Geschehen handelt. Demzufolge werden an die Berater hohe Anforderungen gestellt: Zum einen benötigen sie gute Kenntnisse im diagnostischen Bereich, damit sie die Ergebnisse der Potenzialanalyse verstehen und interpretieren können. Zum anderen ist die Gesprächsführung und Umsetzung der Potenzialergebnisse in der tatsächlichen Beratungsarbeit entscheidend für den Erfolg des gesamten Prozesses. Denn erst wenn die Einbettung der identifizierten Kompetenzen und die sich daraus ergebenden Möglichkeiten der beruflichen Um- oder Neuorientierung in die Handlungsoptionen des Betroffenen gelingen, können daraus nachhaltige Maßnahmen und Umsetzungsmöglichkeiten erarbeitet werden.

Bei der Einführung eines solchen Beratungsprozesses ist eine wichtige Entscheidung zu treffen: Wird die Beratung durch interne, geschulte Berater durchgeführt oder entscheidet man sich für eine externe Begleitung. Beide Alternativen bringen sowohl Vorteile als auch Nachteile mit sich:

Interne Berater	*Externe Berater*
Vorteile	**Vorteile**
• Kennen die Situation der Betroffenen sehr gut • Sind mit dem Rahmenbedingungen der Umstrukturierung vertraut • Durch die speziellen Schulungen im Umgang mit der Potenzialanalyse wird Know-how in der Organisation aufgebaut	• Betrachten die Situation aus der Außenperspektive • Sind von der Umstrukturierung nicht persönlich betroffen und können so mit einer aus einer professionellen Distanz beraten • Im Vorfeld entstehen keine Kosten für den organisationsinternen Personalentwicklungsbedarf
Nachteile	**Nachteile**
• Zuerst entsteht ein erhöhter Personalentwicklungsaufwand für die Schulungen der Berater • Trennung zwischen der Beraterfunktion und persönlichen Erfahrungen mit den Kollegen könnte schwierig sein (Rollenkonflikte) • Nicht jeder für die Beratungsfunktion vorgesehene Mitarbeiter kommt mit dem Instrument der Potenzialanalyse gut zurecht	• Das Know-how verbleibt beim externen Anbieter • Langfristig gesehen viel höhere Kosten, da die Beratungsleistung immer eingekauft werden muss • Intensive Einarbeitung der externen Kräfte, da Kenntnisse der Umstrukturierungssituation bei der Beratung eine wichtige Rolle spielen

Abbildung 5

Die Frage nach dem richtigen oder falschen Vorgehen gibt es in diesem Zusammenhang eigentlich nicht, es kommt vielmehr auf die Passung der jeweiligen Lösung zu den Zielen und Rahmenbedingungen der jeweiligen Organisation an.

Bei der Begleitung der beruflichen Orientierung sind jedoch sowohl interne als auch externe Berater nicht ganz frei von »Zwängen« in Form bestimmter Zielvorgaben, welche sie aus Sicht der Organisation oder des Unternehmens erreichen sollen. Das können beispielsweise Ziele im Bereich des Vermittlungserfolges sein, sodass aufgrund des Beratungsprozesses eine neue Tätigkeit gefunden werden konnte. Oder aber es geht um die Personalisierung verschiedener Qualifizierungsmaßnahmen oder Fortbildungsangebote und auch die Akquirierung von Mitarbeitern für verschiedene Projekteinsätze kann zu den Zielen des Beraters gehören. An dieser Aufzählung wird deutlich, dass der Berater in seiner Funktion eben nicht nur Prozessbegleiter ist, sondern auch seine eigenen Zielvorgaben verfolgen muss. Somit wird ein Spannungsfeld eröffnet, mit dem der Berater zurechtkommen muss, insbesondere dann, wenn sich vielleicht die eigenen Ziele nicht so leicht mit den Prozessberatungszielen vereinbaren lassen.

6. Rahmenbedingungen

Abschließend sollen an dieser Stelle die Rahmenbedingungen der beruflichen Orientierung in Umbruchzeiten erwähnt werden, die einen Einfluss auf den Beratungsprozess haben. Das Instrument der Potenzialanalyse als Kombination aus psychologischer Kompetenzerfassung und anschließender Beratungsleistung mit all seinen Vorteilen, die es auszuschöpfen gilt, stößt auch auf Grenzen, die natürlich auch im Beratungsprozess sichtbar werden. Wenn man sich mit der beruflichen Orientierung beschäftigt, wird bald erkennbar, dass durch eine fundierte Orientierungshilfe allein noch keine neue Tätigkeit resultiert. Es wird die Wahrscheinlichkeit erhöht, dass jemand eine neue berufliche Richtung findet, die gut zu ihm passt. Aufgrund dieser Passung wird auch die Bereitschaft erhöht, sich für das gewählte Ziel zu engagieren. Ob dieses Engagement letztendlich auch zu einer neuen Tätigkeit führt, wird aber auch von der Arbeitsmarktsituation, also durch Angebot und Nachfrage, gesteuert. Aber auch die persönlichen Einschränkungen z. B. in der Mobilität und Flexibilität können die Umsetzung der Ziele beeinflussen.

Letztlich kann durch das Angebot einer beruflichen Orientierung der Möglichkeitsraum eröffnet werden, in dem die betroffenen Mitarbeiter durch eine strukturierte Rückmeldung zu ihren Kompetenzen und Stärken sowie durch die Empfehlungen zu ganz unterschiedlichen, aufgrund der Kompetenzen denkbaren Tätigkeitsbereichen Anregungen und Ideen erhalten, die ihnen im weiteren Orientierungsprozess als Kreativitätshilfe und Unterstützung dienen können. Und obwohl aus den Ergebnissen der beruflichen Orientierung keine Jobgarantie abgeleitet werden kann, so kann doch die Chance auf eine neue Tätigkeit gesteigert werden, wenn die betroffenen Mitarbeiter eine neue Perspektive oder Richtung für sich entdecken können, die Erfolg versprechend ist.

Literatur

Beck, C. (2002). *Professionelles E-Recruitment: Strategien – Instrumente – Beispiele.* Neuwied: Luchterhand.

Brunstein, J.C. & Maier, G.W. (1996). Persönliche Ziele: Ein Überblick zum Stand der Forschung. *Psychologische Rundschau, 47,* 146-160.

Comelli, G. & von Rosenstiel, L. (1995). *Führung durch Motivation. Mitarbeiter für Organisationsziele gewinnen.* München: C.H. Beck Verlag.

Heckhausen, H. (1989). *Motivation und Handeln.* Berlin: Springer.

Hossiep, R. (1995). *Berufseignungsdiagnostische Entscheidungen.* Göttingen: Hogrefe.

Hossiep, R. (2000). Konsequenzen aus neueren Erkenntnissen zur Potentialbeurteilung. In L. v. Rosenstiel & T. Lang-von Wins (Hrsg.), *Perspektiven der Potentialbeurteilung* (S. 75-105). Göttingen: Hogrefe.

Kirbach, C., Montel, C., Oenning, S. & Wottawa, H. (2004). *Recruiting und Assessment im Internet. Werkzeuge für eine optimierte Personalentwicklung.* Göttingen.

Kirbach, C. & Wottawa, H. (2005). Der Stellenwert von Testverfahren bei der Potenzialbeurteilung, *Personalführung, 9,* 64-71.

Konradt, U. & Sarges, W. (2003). *E-Recruiting und E-Assessment: Recrutierung, Auswahl und Beratung von Personal im Inter- und Intranet.* Göttingen: Hogrefe.

Lantermann, E.D. (1980). *Interaktionen. Person, Situation und Handlung.* München: Urban & Schwarzenberg.

Nerdinger, F.W. (1995). *Motivation und Handeln in Organisationen.* Stuttgart: Kohlhammer.

Schmidt, F.L. & Hunter, J.E. (1998). The validity and utility of selection methods in personnel psychology: Practical and theoretical implications of 85 years of research findings, *Psychological Bulletin, 124 (2),* 262-274

Aus der Praxis

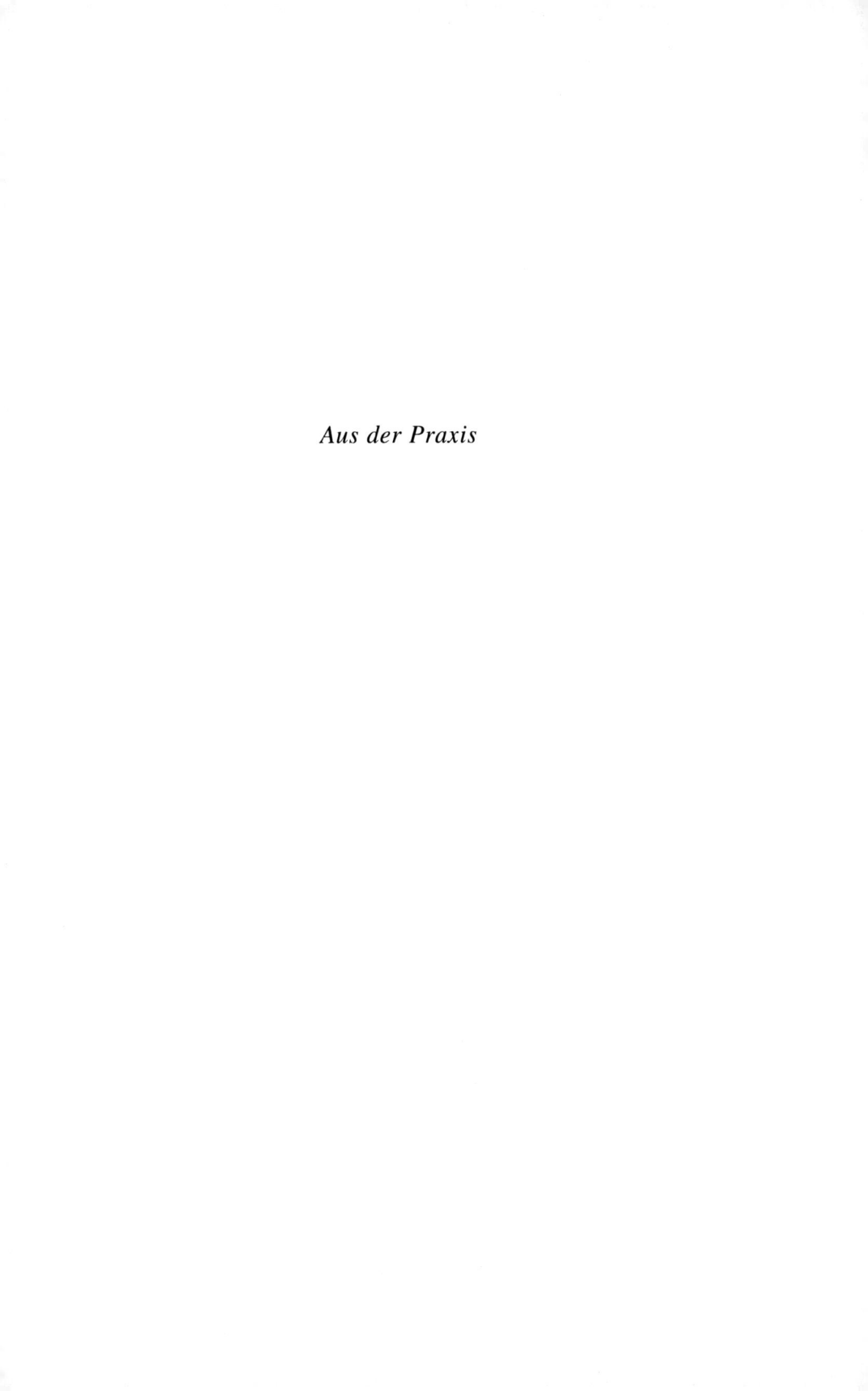

Personalwirtschaftliche Maßnahmen und Instrumente zur Förderung der Personalfluktuation bei der Stadtverwaltung Lünen

Rüdiger Freiberg

1. Vorbemerkungen

Etwa ab Mitte der 1980er-Jahre war eine strukturell negative Entwicklung des Haushalts der Stadt Lünen festzustellen (beginnend mit dem Wegfall der Lohnsummensteuer). Seitdem waren fast ununterbrochen Haushaltssicherungskonzepte erforderlich, um von den Aufsichtsbehörden eine Haushaltsgenehmigung zu erhalten.

Im Jahre 2005 blieb auch das Haushaltssicherungskonzept ohne Genehmigung, wodurch die Stadt »Nothaushaltsgemeinde« im Sinne der nordrhein-westfälischen Gemeindeordnung wurde. Aufgrund des Nothaushaltsrechts wurden z. B. die Aufnahme von Krediten, die Durchführung von Investitionen oder personelle Maßnahmen, wie Einstellungen oder Beförderungen, noch mehr eingeschränkt, als dies im Rahmen von Haushaltssicherungskonzepten ohnehin schon der Fall war.

Vor diesem Hintergrund entschieden sich Rat und Verwaltung, einen externen Berater zu beauftragen. Er sollte die Verwaltung flächendeckend untersuchen, um weitere Konsolidierungspotenziale in Höhe von jährlich mindestens 15 Millionen Euro zu ermitteln. Von vornherein wurde damit gerechnet, dass die zu entwickelnden Maßnahmen in erheblichem Umfang auch den Abbau von Planstellen zur Folge haben würden.

Unter Berücksichtigung der o. g. Summen wurde als Zielgröße zunächst eine Einsparung von ca. 100 Vollzeitstellen zugrunde gelegt. Dies hätte zu einer Personalkostenersparnis von etwa 5 Mio. Euro geführt und einen Stellenabbau von rd. 16 % der Planstellen in der Kernverwaltung bedeutet.

Bei diesen Größenordnungen musste davon ausgegangen werden, dass der erforderliche Stellenabbau im Rahmen natürlicher Fluktuation (z. B. Ausscheiden aus Altersgründen oder durch Wechsel des Arbeitgebers) nicht zeitnah erfolgen konnte. Geplant war jedoch, die gesamte Konsolidierungssumme bereits innerhalb von vier Jahren nach der Beschlussfassung über die Maßnahmen haushaltswirksam zu realisieren.

Aus diesem Grunde wurde bereits sehr frühzeitig – noch bevor konkrete Untersuchungsergebnisse und Umsetzungsentscheidungen vorlagen – geprüft, welche personalwirtschaftlichen Instrumente der Stadt zur Verfügung stehen könnten, um die personelle Umsetzung der zu erwartenden Konsolidierungsmaßnahmen zu beschleunigen. Der Zeitpunkt für diese Prüfung wurde u. a. deshalb so früh gesetzt, um mit dem Personalrat und der Gleichstellungsbeauftragten sowie mit den Führungskräften möglichst unvoreingenommen (weil noch keine Namen von Betroffenen bekannt waren) über die Anwendbarkeit der Instrumente diskutieren zu können. Dadurch sollten die später notwendig werdenden – und personalvertretungsrechtlich evtl. konfliktträchtigen – Einzelmaßnahmen zumindest um diesen Aspekt entlastet werden. Auch die Vorgesetzten, die die Vorschläge des externen Beraters im Rahmen von so genannten Fachkonzepten prüfen sollten, benötigten frühzeitig Informationen darüber, wie evtl. erforderliche Personaleinsparungen möglichst kurzfristig realisiert werden könnten.

Die folgende Darstellung der personalwirtschaftlichen Möglichkeiten zur Förderung der Personalfluktuation enthält neben einer Kurzbeschreibung auch Hinweise zu den Zielgruppen, denen das jeweilige Instrument bevorzugt angeboten werden sollte. Die Rubrik »Einschlägige Rechtsgrundlagen« enthält nur die wesentlichen Gesetze und Tarifverträge. Insbesondere wurde an dieser Stelle auf die Nennung ebenso beachtenswerter Dienstanweisungen und Dienstvereinbarungen verzichtet.

2. Personalwirtschaftliche Instrumente

a. Interne Umsetzung

Die Umsetzung von Beschäftigten in andere Planstellen ist für die Verwaltung i. d. R. die einfachste Lösung bei einem beabsichtigten Stellenabbau. Soweit mit der Umsetzung keine Qualifizierungsmaßnahmen verbunden sind, werden zusätzliche Kosten vermieden. Ist die neue Stelle in etwa mit der bisherigen Stelle vergleichbar, werden auch für die betroffenen Beschäftigten keine Eingriffe in deren erreichten Status erforderlich sein.

Allerdings setzt dieses Instrument vor allem voraus, dass entsprechende Stellen frei und besetzbar zur Verfügung stehen. Aus diesem Grund ist es empfehlenswert, schon sehr frühzeitig frei werdende Stellen nicht bzw. nicht unbefristet zu besetzen, um nach einer Entscheidung über Einsparungen über ein gewisses Stellenpotenzial zu verfügen.

Zielgruppen: Grundsätzlich ist hier keine Beschäftigtengruppe hervorzuheben oder auszuschließen. Allerdings wird man Beschäftigten, die kurzfristig altersbedingt ausscheiden werden, kaum eine neue Aufgabe übertragen wollen.

Einschlägige Rechtsgrundlagen: Tarifvertrag öffentlicher Dienst (TVöD), Landesbeamtengesetz (LBG NW), Landespersonalvertretungsgesetz (LPVG NW), Tarifvertrag über den Rationalisierungsschutz für Angestellte (RationalisierungsschutzTV).

b. Abfindungen/Prämien

Einigen Beschäftigten könnte durch die Zahlung eines Geldbetrages ein Anreiz zur Schließung eines Auflösungsvertrages gegeben werden. Eine solche Regelung ist grundsätzlich nur im Tarifbereich und nicht bei Beamten möglich. Der Einsatz dieses Instrumentes wird ggf. mit erheblichen finanziellen Aufwendungen verbunden sein (s. auch unter »Organisatorische Rahmenbedingungen«, Ziff. 3.) und sollte daher nur dann Anwendung finden, wenn andere Instrumente ausgeschlossen werden und – auf längere Sicht gesehen – dennoch Einsparungen begründet werden können.

Zielgruppen: Vor allem jüngere Arbeitnehmer/-innen in »Sonderlaufbahnen« (z. B. Musikschullehrer oder technische Berufe), die auch im Rahmen zumutbarer Maßnahmen nicht für andere Aufgaben qualifiziert werden können.

Einschlägige Rechtsgrundlagen: TVöD, RationalisierungsschutzTV.

c. Altersteilzeit

Ältere Beschäftigte können beantragen, ab einem Alter von 55 Jahren bis zur Renten- bzw. Pensionsgewährung nur noch mit der Hälfte der Arbeitszeit beschäftigt zu werden. Mit Vollendung des 60. Lebensjahres besteht ein tarifrechtlicher Anspruch auf die Gewährung von Altersteilzeit. Dabei sind grundsätzlich zwei Modelle möglich: Entweder erfolgt im gesamten Zeitraum vom Beginn der Altersteilzeit bis zur Rentengewährung eine 50%ige Teilzeitbeschäftigung (Teilzeitmodell) oder in der ersten Hälfte des Zeitraumes wird Vollzeit gearbeitet und in der zweiten Hälfte wird der/die Beschäftige von der Arbeitsleistung freigestellt (Blockmodell). Meist wird das Blockmodell bevorzugt. Bei beiden Modellen wird für die gesamte Dauer der Altersteilzeit ein monatliches Entgelt gezahlt, das von 50 % (für die tatsächliche Arbeitsleistung) auf rd. 83 % des letzten Nettoentgeltes aufgestockt wird.
 Altersteilzeit kann nach den geltenden Regelungen allerdings nur noch bewilligt werden, wenn sie vor dem 01.01.2010 beginnt. Daher können nur

Beschäftigte, die vor dem 01.01.1955 geboren wurden, von dieser Möglichkeit Gebrauch machen.

Beim Blockmodell würden durch die Gewährung von Altersteilzeit zusätzliche Kosten entstehen, wenn die frei gewordene Stelle unmittelbar nach Beginn der Freistellungsphase des Stelleninhabers wieder besetzt würde. Im Rahmen von Haushaltskonsolidierungsmaßnahmen wird man dieses Instrument somit nur dann gezielt anbieten, wenn Personalkosten durch den (zumindest teilweisen) Verzicht auf eine Wiederbesetzung der Stelle eingespart werden können.

Zielgruppen: Ältere Beschäftigte, wenn aufgrund der ATZ-Beschäftigung eine Stellenreduzierung vorzeitig erfolgen kann. Eventuell größere Bedeutung im Beamtenbereich, weil hier andere Instrumente (Abfindungen, »Outplacement«, Änderungskündigungen) nicht greifen.

Einschlägige Rechtsgrundlagen: Altersteilzeitgesetz, Tarifvertrag zur Regelung der Altersteilzeit (TV ATZ) und § 78 d LBG NW.

d. Teilzeitbeschäftigung

Die Reduzierung der Wochenarbeitszeit bietet sich als Instrument vor allem in Bereichen an, in denen durch Einsparungen nur Stellenanteile betroffen sind. Personalwirtschaftlich relativ einfach wird sich eine Realisierung darstellen, wenn eine Vollzeitstelle z.B. in eine 50%-Teilzeitstelle umgewandelt werden soll. Für derartige Stellen besteht innerhalb der Verwaltung meist eine ausreichende Nachfrage. Schwieriger zu lösen ist es dagegen, wenn eine Vollzeitstelle von 38,5 Wochenstunden auf z.B. 35 Stunden reduziert werden soll oder eine Teilzeitstelle von 17 auf 15 Wochenstunden.

Für interne Umsetzungen fehlt es oft an der Nachfrage, und Änderungskündigungen sind in solchen Fällen rechtlich häufig nicht möglich.

Das Angebot zur Teilzeitbeschäftigung könnte daher im Einzelfall evtl. mit finanziellen Anreizen verbunden werden. Eine Möglichkeit könnte darin bestehen, die Arbeitszeit sofort in vollem Umfange der Einsparung zu kürzen, das Arbeitsentgelt jedoch in einem festgelegten Zeitraum nur schrittweise zu reduzieren (z.B. alle sechs Monate das Entgelt für eine halbe Wochenstunde kürzen).

Zielgruppen: Beschäftigte, deren Stellenvolumen reduziert werden soll und für die andere Instrumente wie Umsetzung oder Qualifizierung aus persönlichen (z.B. Alter) oder fachlichen (z.B. Sonderlaufbahn) Gründen weniger infrage kommen.

Einschlägige Rechtsgrundlagen: TVöD, LBG NW, LPVG NW.

e. Arbeitszeitflexibilisierung

Neben finanziellen Anreizen, wie unter Punkt 4. beschrieben, könnte für Beschäftigte auch die Verbindung von Teilzeitbeschäftigung und Arbeitszeitflexibilisierung interessant sein und für die Verwaltung kurzfristig zu Einsparungen führen. Dabei sind verschiedene Modelle denkbar:

Vollzeitnahes Teilzeitmodell mit Blockfreizeiten

Bei diesem Modell werden aus einer Vollzeitbeschäftigung (z. B. mit 38,5 Wochenstunden) Entgelt und Arbeitszeit in relativ geringem Maße (z. B. zwei bis drei Wochenstunden) reduziert. Tatsächlich erfolgt weiterhin eine Vollbeschäftigung. Die zusätzlich geleisteten Stunden werden in einem vorab zwischen Vorgesetzten und Mitarbeitern festgelegten Zeitraum i. d. R. einmal jährlich ausgeglichen (Blockfreizeiten).

Sabbatical

Dieses Modell soll die Möglichkeit eröffnen, eine bis zu einjährige bezahlte Freizeitphase zu erhalten. Voraussetzung dafür ist eine Vereinbarung mit dem/der Beschäftigten über eine mehrjährige Teilzeitbeschäftigung mit Vollzeitarbeitsphasen.

Kurzsabbatical

Im Vergleich zum vorgenannten Modell wird hier die Freizeitphase auf deutlich weniger als ein Jahr beschränkt. So könnte z. B. eine 24-monatige Teilzeitbeschäftigung aus einer 21- monatigen Vollzeitarbeitsphase und einer 3-monatigen Freizeitphase bestehen.

Persönliches Zeitkonto

Während bei den drei vorgenannten Modellen der Arbeitszeitflexibilisierung die Freizeit- und Arbeitsphasen vorab zwischen Arbeitgeber und Arbeitnehmer/-in fest vereinbart werden, ist im Rahmen eines persönlichen Zeitkontos eine noch weitergehende Flexibilisierung möglich. Bei diesem Modell kann mit teils fixierten und teils flexiblen Arbeitsphasen sowie mit entsprechend variablen Freizeitphasen gearbeitet werden.

Die Problematik aller dargestellten Modelle liegt vor allem darin, dass nicht nur die persönliche Bereitschaft der Mitarbeiter/-innen für eine Realisierung gegeben sein muss (insbes. zu Einkommensverlusten), sondern auch der organisatorische Rahmen, weil der Aufgabenbereich eine längere Abwesenheit eines Mitarbeiters ermöglichen muss. Die unterschiedlichen Modelle können aus rechtlichen Gründen nicht allen Beschäftigtengruppen angeboten werden.

Zielgruppen: Beschäftigte, deren Stellenvolumen reduziert werden soll.

Einschlägige Rechtsgrundlagen: TVöD, LBG NW, LPVG NW.

f. Beurlaubung

Entsteht aufgrund von Konsolidierungsmaßnahmen ein Personalüberhang, der in kurzer Zeit nicht durch Fluktuation abbaubar ist, könnte auch eine Beurlaubung ohne Fortzahlung des Entgeltes bzw. der Besoldung infrage kommen. Dabei kann es sich um Beurlaubungen bis zum Beginn einer Renten- oder Pensionszahlung handeln oder längerfristige Beurlaubungen mit anschließender Wiederaufnahme der Tätigkeit.

Ein solcher Sonderurlaub setzt i. d. R. das Vorliegen eines wichtigen Grundes sowie einen Antrag der Beschäftigten voraus. Dieses Instrument wird vor allem dann erfolgreich einzusetzen sein, wenn z. B. Anreize für eine Verlängerung von ohnehin beabsichtigten oder bereits genehmigten Beurlaubungen gegeben werden können (z. B. monetäre Anreize, Zusage zur Rückkehr auf eine bestimmte Stelle o. Ä.).

Zielgruppen: Beschäftigte mit Beurlaubungswunsch und beurlaubte Beschäftigte.

Einschlägige Rechtsgrundlagen: TVöD, LBG NW, Sonderurlaubsverordnung (SUrlV NW).

g. Höhere Wochenarbeitszeit der Beamtinnen und Beamten

Seit dem 01.01.2004 wurde die Wochenarbeitszeit der beamteten Beschäftigten von 38,5 Stunden auf 41 Stunden bzw. 40 Stunden (ab 55. Lebensjahr) oder 39 Stunden (ab 60. Lebensjahr) erhöht.

Bei etwa 240 beschäftigten Beamtinnen und Beamten der Stadt Lünen ergibt sich insgesamt ein Volumen von rd. 560 Wochenstunden. Diese Stunden werden seit Anfang 2004 ohne Lohnausgleich mehr geleistet als zuvor. Dies entspräche etwa einem Volumen von 14,5 Vollzeitstellen bei einer Wochenarbeitszeit von 38,5 Stunden.

Weil die Arbeitszeiterhöhung nicht im Zusammenhang mit einem Personalmehrbedarf gestanden hatte, kann davon ausgegangen werden, dass dieses bedeutende Stellenvolumen grundsätzlich nicht benötigt wird. 2,5 Stunden von 41 Stunden einer Vollzeitstelle entsprechen etwa 6%. Bei etwa acht Beamtenstellen in einer Abteilung könnte z. B. dadurch etwa eine halbe Planstelle eingespart werden. Diese einfache Rechnung kann ohne hohen Organisationsaufwand allerdings nur bei vergleichbaren Aufgabenstellungen und gleicher Laufbahn/Laufbahngruppe aufgemacht werden. Bei zukünftigen Personalbedarfsberechnungen wird die Arbeitszeiterhöhung in jedem Falle zu berücksichtigen sein.

Darüber hinaus könnte allen Beamtinnen und Beamten ohne weitere Prüfung eine freiwillige Reduzierung der Arbeitszeit um ca. 6 % (falls jünger als 55) angeboten werden. Bei Jahresbezügen in Höhe von 35.000 Euro (etwa A 8 bis A 10) wäre das ein Betrag von ca. 2.100 Euro Brutto.

Zielgruppen: Alle Beamtinnen und Beamte, Abteilungen mit einem hohen Beamtenanteil.

Einschlägige Rechtsgrundlagen: LBG NW, LPVG NW.

h. Qualifizierung

Soweit Beschäftigte im Rahmen von Konsolidierungsmaßnahmen einen anderen Arbeitsplatz erhalten sollen, sind dazu ggf. Fort-, Weiterbildungs- oder Umschulungsmaßnahmen erforderlich. Dies gilt insbesondere, wenn damit auch ein Laufbahnwechsel verbunden ist (z. B. vom Sozial- und Erziehungsdienst in den Allgemeinen Verwaltungsdienst). Als Qualifizierungsmaßnahme in diesem Sinne gilt daher nicht eine übliche Einarbeitung in ein neues Aufgabengebiet innerhalb der gleichen Laufbahngruppe.

Weil Qualifizierungsmaßnahmen i. d. R. mit zusätzlichen finanziellen Aufwendungen verbunden sind (z. B. Lehrgangsgebühren), sollten dafür ggf. frühzeitig zusätzliche Mittel bereitgestellt werden.

Zielgruppen: Vor allem jüngere Beschäftigte in »Laufbahnen besonderer Fachrichtungen«.

Einschlägige Rechtsgrundlagen: TVöD, RationalisierungsschutzTV, LPVG NW, LBG NW.

i. Vermittlung (Outplacement)

Wenn keine der vorgenannten Möglichkeiten zur Personalkostenreduzierung Anwendung finden kann, könnte auf Initiative der Verwaltung und im Einvernehmen mit den betroffenen Beschäftigten die Vermittlung zu anderen Arbeitgebern geprüft werden. Neben anderen Kommunalverwaltungen wäre dabei bevorzugt an Unternehmen und Gesellschaften zu denken, an denen die Stadt mehrheitlich beteiligt ist. Alternativ zu einem Arbeitgeberwechsel käme auch eine (vorübergehende) Abordnung/Zuweisung infrage.

Zielgruppen: Vor allem jüngere Beschäftigte in »Laufbahnen besonderer Fachrichtungen«.

Einschlägige Rechtsgrundlagen: TVöD, RationalisierungsschutzTV, LPVG NW, LBG NW.

j. Betriebsbedingte Kündigung/Änderungskündigungen

Als so genanntes »letztes Mittel« für eine kurzfristige Personalkostenreduzierung könnten auch betriebsbedingte Kündigungen in Betracht gezogen werden. Diese wären allerdings gesetzlich und tarifvertraglich an sehr hohe Hürden geknüpft und zudem auch kommunalpolitisch zu bewerten. In Kommunalverwaltungen könnten sie z. B. beim Wegfall kompletter Aufgabenbereiche mit speziell ausgebildetem Personal infrage kommen (z. B. Musikschullehrer bei Schließung der Einrichtung).

Um Änderungskündigungen, z. B. wegen Übernahme einer niedriger bewerteten Stelle oder zur Reduzierung der Wochenarbeitszeit, zu vermeiden, könnten ggf. auch finanzielle Anreize für freiwillige Vertragsänderungen angeboten werden (siehe oben).

Zielgruppen: Arbeitnehmer/-innen, bei denen aufgrund der persönlichen und betrieblichen Voraussetzungen die gesetzlichen und tarifvertraglichen Bedingungen für Kündigungen erfüllt werden.

Einschlägige Rechtsgrundlagen: Kündigungsschutzgesetz, TVöD, RationalisierungsschutzTV, LPVG NW.

Im Einzelfall könnten auch mehrere der vorgenannten Instrumente miteinander verbunden angeboten werden.

3. Organisationale Rahmenbedingungen

Neben der Auswahl geeigneter personalwirtschaftlicher Instrumente sind auch organisatorische Aspekte bzw. Rahmenbedingungen zu prüfen, die geeignet erscheinen, kurzfristig Personalkostenreduzierungen umzusetzen. Dazu gehören:

a. Erweiterung des Personalpools

Der Stellenplan 2005/06 enthält einen Personalpool, der von der Abteilung Personaldienste bewirtschaftet wird. Diesem gehören z. B. Mitarbeiter/-innen mit gesundheitlichen Beeinträchtigungen und Stellen zur »Deckung vorübergehender Bedarfe in der Gesamtverwaltung« (häufig für »geparkte« Rückkehrer/-innen aus Elternzeiten) an.

Beschäftigte in »kw-Stellen« (»künftig wegfallende« Stellen) gehören bisher i. d. R. nicht zum Kreis des Personalpools; sie verbleiben in ihren bisherigen Planstellen und damit auch im Verantwortungsbereich ihrer bisherigen Vorgesetzten. Personalwirtschaftliche Maßnahmen könnten für diesen Personenkreis daher auf zusätzliche Schwierigkeiten stoßen, weil diese Beschäftigten aufgrund von Widerständen der abgebenden Abteilung evtl. nicht kurzfristig verfügbar sind.

Die formelle Aufnahme dieses Personenkreises in einen von der Personalabteilung bewirtschafteten (virtuellen) Personalpool könnte derartige Hemmnisse von vornherein minimieren. Vor allem eine im Rahmen der aufgabenkritischen Untersuchung zu erwartende Vielzahl von kw-Stellen könnte die Anwendung der o. g. personalwirtschaftlichen Instrumente möglicherweise erschweren, wenn der Status der Betroffenen in ihrer bisherigen Organisationseinheit praktisch unverändert bliebe.

Es wird daher empfehlenswert sein, kw-Vermerke nicht pauschal anzubringen, sondern möglichst konkret einzelnen Stellen zuzuordnen. Wenn jedoch anstatt der »kw-Stelle« im selben Aufgabenbereich eine andere gleichwertige Stelle frei wird, sollte allerdings auch ein *Austausch* der betroffenen Beschäftigten grundsätzlich nicht ausgeschlossen werden.

b. Betreuung/Initiierung von Maßnahmen

Die Anwendung personalwirtschaftlicher Instrumente sowie die Umsetzung personeller Maßnahmen kann im Rahmen einer umfangreichen aufgabenkritischen Untersuchung nur von zentraler Stelle erfolgreich organisiert werden. Originär zuständig wird dafür die Abteilung Personaldienste sein.

Um Maßnahmen für die von Einsparungen betroffenen Mitarbeiterinnen und Mitarbeiter unter Berücksichtigung der individuellen Bedingungen zu initiieren und Beschäftigte ggf. während eines längeren Zeitraumes zu betreuen, sind in der Abteilung Personaldienste erhebliche Anstrengungen zu unternehmen. Ob dies zeitlich mit dem dort zurzeit beschäftigten Personal zu leisten ist, wird u. a. von der Anzahl der zu betreuenden Mitarbeiter/-innen und Maßnahmen abhängen.

Um Maßnahmen kurzfristiger und damit in den meisten Fällen auch kostengünstiger durchführen zu können, wäre evtl. eine befristete Personalaufstockung bei der Personalabteilung oder auch die Einbeziehung geeigneter externer Agenturen zu prüfen.

c. *Verfahren Stellenbesetzungen/Höhergruppierung*

Das Verfahren bei Stellenbesetzungen ist in internen Rahmenregelungen beschrieben. Aufgrund des Nothaushaltsrechts ist die Besetzung freier Planstellen nochmals durch sog. »Sonderregelungen« dahingehend erschwert worden, dass i. d. R. Einzelentscheidungen des Bürgermeisters und spezielle Begründungen der Fachbereichsleitungen erforderlich sind.

Aufgrund der flächendeckenden Untersuchung der Verwaltung sind auch Veränderungen der Aufbau- und/oder Ablauforganisation nicht auszuschließen. Als problematisch könnte sich vor diesem Hintergrund ergeben, wenn während der Untersuchung Stellen mit Arbeitnehmern besetzt werden, die nach Übertragung der Tätigkeit einen Anspruch auf Höhergruppierung erlangen. Durch anschließende Änderung der Organisation könnte dieser Anspruch evtl. nicht mehr gerechtfertigt sein.

Um derartige Wirkungen zu vermeiden, ist zu empfehlen, bis zu einer Entscheidung über die Umsetzung von Einsparungsmaßnahmen die anstehenden Aufgabenübertragungen, die voraussichtlich eine Höhergruppierung zur Folge haben werden, gänzlich zu vermeiden oder zumindest nur befristet vorzunehmen (z. B. durch Zahlung einer Zulage).

Bei verbeamteten Beschäftigten besteht dieses Problem grundsätzlich nicht, weil aufgrund des Nothaushaltsrechts bis Ende 2006 ohnehin keine Beförderungen vorgenommen werden dürfen.

d. *Controlling*

Alle personalwirtschaftlichen Maßnahmen im Rahmen des zu erstellenden Haushaltssicherungskonzeptes 2007 ff. sind regelmäßig hinsichtlich ihrer inhaltlichen und finanziellen Wirksamkeit zu überprüfen. Das externe Beratungsunternehmen hat u. a. den Auftrag, ein effektives Umsetzungscontrolling/-berichtswesen aufzubauen.

Das Controlling für die personalwirtschaftlichen HSK-Maßnahmen wird bei der zentralen Abteilung *Steuerungsdienst* angesiedelt sein.

e. *Finanzierung von Maßnahmen*

Einige personalwirtschaftliche Instrumente führen mittel- bis langfristig zur Einsparung von Personalkosten, kurzfristig sind jedoch zum Teil erhebliche Aufwendungen erforderlich, für die zusätzliche Mittel bereitgestellt werden müssten.

Kostenträchtig sind insbesondere Abfindungen (bei Einzelsummen in Höhe von 40.000 Euro bis 50.000 Euro würden rd. 450.000 Euro benötigt, wenn dieses Instrument von 10 % der unterstellten MA-Zahl genutzt würde), teilweise auch Altersteilzeit, anfängliche Ausgleiche bei Teilzeitbeschäftigung oder Qualifizierungsmaßnahmen. Auch eine evtl. Aufstockung des Personals bei der Personalabteilung bzw. die Beauftragung einer externen Agentur erfordern ggf. zusätzliche Aufwendungen.

4. *Kurzes Zwischenfazit nach Abschluss der Untersuchung*

In einem so genannten »Eckwertebeschluss« hatte der Rat der Stadt Lünen im März 2006 nach einer Empfehlung des externen Beraters Sparzielsummen für jeden Fachbereich vorgegeben. Daraufhin wurden durch die zuständigen Fachabteilungen der Verwaltung zu insgesamt 123 Sparmaßnahmen Fachkonzepte entwickelt, die Inhalte und Wirkungen der Vorschläge des externen Beraters einer fachlichen Bewertung unterzogen.

Der Rat hat auf Basis der Fachkonzepte zwischenzeitlich über die Umsetzung von insgesamt 116 Sparmaßnahmen entschieden. 48 dieser Maßnahmen werden mit Personaleinsparungen verbunden sein.

Die personellen Wirkungen waren bisher etwas milder als anfangs von vielen Beteiligten befürchtet wurde. Knapp 70 Mitarbeiterinnen und Mitarbeiter werden von der Einsparung von umgerechnet rd. 56 Vollzeitstellen betroffen sein. Auf betriebsbedingte Kündigungen konnte vorerst verzichtet werden. Weil freie Planstellen bereits seit Beginn der Untersuchung im September 2005 nicht oder zumindest nicht dauerhaft besetzt worden sind, wurden bereits 80 % aller Personalmaßnahmen durch natürliche Fluktuation sowie vor allem durch die Instrumente »Umsetzung, Teilzeitbeschäftigung und Altersteilzeit« realisiert. Nur etwa 15 Beschäftigte werden dem so genannten »virtuellen Personalpool« zugewiesen (s. Organisatorische Rahmenbedingungen). Für sie wird innerhalb der nächsten zwei bis drei Jahre unter Berücksichtigung des o. g. Instrumentariums eine andere Beschäftigungsmöglichkeit gesucht.

Strategische Haushaltskonsolidierung und Personalmanagement in der Stadt Halle

Jane Unger

1. Einleitung

Nach Aussagen des Gemeindefinanzberichtes 2006 hat sich die Finanzlage der Kommunen nicht wesentlich verbessert. Die Anzahl der Kommunen mit unausgeglichenen Haushalten und die Höhe der Fehlbeträge stiegen ebenso an wie die Kassenkredite, welche mit 26,3 Mrd. Euro ein neues Rekordniveau erreichten und sich seit dem Jahr 2000 mehr als verdreifacht haben. Eine Trendwende kann nicht prognostiziert werden. Weder wird sich die Einnahmesituation wesentlich verbessern – im Gegenteil, es sind weitere Einschnitte aus unterschiedlichen Faktoren zu erwarten (u. a. sinkende Bevölkerungszahlen, Kürzungen der Transferleistungen Ost) – noch zeigen die Statistiken eine gelungene Anpassung der Ausgaben an die Rahmenbedingungen, sodass sich im Finanzierungssaldo kein Haushaltsdefizit ergibt. Somit nimmt der Zwang zur Kostensenkung weiter zu, wenn Kommunen ihre Handlungsfähigkeit erhalten wollen.

Im Bereich der Ausgabenreduzierung stehen die Personalausgaben stets unter dem besonderen Druck, weiterhin spürbare Konsolidierungsbeiträge zu leisten. Und das, obwohl hier seit Jahren ein restriktiver Kurs gefahren wird, der in den alten Bundesländern zu einer Stagnation und in den neuen Bundesländern zu einer weiteren deutlichen Absenkung der Personalausgaben trotz weiterer Tarifangleichungen Ost/West führte. Verbunden damit erhöht sich der Druck auf die Beschäftigten und Führungskräfte als Träger kommunaler Dienstleistungen, die gleichzeitig mit Sparvorgaben sowie erhöhten Leistungsanforderungen (Kommunen als Dienstleistungs- und Bürgerkommune) konfrontiert sind.

Kommunale Haushaltskonsolidierungsprozesse müssen mindestens drei Aspekte berücksichtigen, um erfolgreich zu sein:
1.) Punktuelle Konsolidierungsbemühungen und Einzelmaßnahmen reichen nicht aus, um nachhaltige Erfolge zu erzielen. Diese gelingen nur durch die Einbindung der Haushaltskonsolidierung in eine Gesamtstrategie, sodass kurzfristiger, ggf. auch plakativer Sparaktionismus abgelöst wird durch ein strategisches Commitment – basierend auf der Er-

kenntnis, dass künftige Ausgaben nur getätigt werden können, wenn finanzielle Spielräume dauerhaft zurückgewonnen werden.
2.) In Abwandlung eines Fußballtrainerausspruchs ist »nach der Konsolidierung vor der Konsolidierung«, d. h. Kommunen stehen wie Wirtschaftsunternehmen permanent vor der Aufgabe, ihre Betätigungsfelder mit Kostenbewusstsein und aus der Kundenperspektive zu hinterfragen. Dafür sind geeignete Methoden und Instrumente zu entwickeln, die es ermöglichen, flexibel und schnell auf neue Situationen zu reagieren.
3.) Eine nachhaltige Konsolidierung kann nur gelingen, wenn sich alle Beteiligten hinter die Sparziele stellen, deren Notwendigkeit erkennen und in Handlungen umsetzen, angefangen von der politischen Verwaltungsspitze, den Gemeinderäten, den Führungskräften, dem Personalrat bis hin zu den Beschäftigten. Dies setzt voraus, die von Konsolidierungsmaßnahmen Betroffenen durch eine transparente und beeinflussbare Prozessgestaltung weitmöglichst zu Beteiligten zu machen.

Der folgende Beitrag beschreibt die Herangehensweise der Stadt Halle an die Haushaltskonsolidierung unter besonderer Berücksichtigung des Faktors Personal. Vorgestellt werden die Ausgangssituation, die Prozessgestaltung, die Entwicklung einer strategischen Vorgehensweise, Erfolgsfaktoren und künftige weiterführende Vorhaben.

2. Ausgangssituation

Erstmalig im Haushaltsjahr 2002 konnte die Stadt Halle den Haushaltsausgleich nicht erreichen. Einnahmen von 480 Mio. Euro standen Ausgaben in Höhe von 520 Mio. Euro gegenüber. Die Personalausgaben betrugen 175 Mio. Euro und hatten einen Anteil am Verwaltungshaushalt von 33,5 Prozent. Ein weiteres Anwachsen der Haushaltsfehlbeträge im Rahmen der mittelfristigen Finanzplanung zeichnete sich ab. Bisherige Einsparbemühungen bestanden in der Anwendung von Haushaltssperren, der Bearbeitung von Einsparlisten ohne allgemeine Prioritätensetzung, Kürzungen nach »Rasenmäherprinzip« sowie im Personalbereich unter anderem in Einstellungsstopps, Wiederbesetzungssperren und Stellenstreichungen frei werdender Stellen ohne vertiefende Kapazitätsprüfungen oder Prozessoptimierungen.

Es war klar, dass die bisherigen punktuellen Vorgehensweisen nicht ausreichen, um einen Prozess zu initiieren, der nachhaltig die finanzielle Handlungsfähigkeit der Stadt zurückerobert, sichert und dabei künftige Entwicklungen außerhalb und innerhalb der Verwaltung berücksichtigt. Zu letzteren zählen zum Beispiel die anhaltenden Bevölkerungsverluste der

Stadt Halle[1], Reaktionen auf den demographischen Wandel, Umgang mit einer älter werdenden Belegschaft sowie die Einleitung neuer Reformprozesse wie die Umstellung auf das Neue Kommunale Finanzmanagement.

Nachdem ein externes Beratungsunternehmen aufgrund allgemeiner Kennzahlenvergleiche und Analysen Einsparvorgaben definiert hat, wurde eine zu erbringende Konsolidierungsleistung als Globalwert in Höhe von 89 Mio. Euro durch den Stadtrat mit der Auflage beschlossen, dass die Verwaltung Konzepte erarbeitet, die unter Darlegung der Auswirkungen zu konkreten Sparbeschlüssen führen können, um im Jahr 2007 den Haushaltsausgleich zu erreichen.

3. Haushaltskonsolidierung – Sparen als Gestaltungschance

3.1. Das Konsolidierungsprojekt

Die Stadt Halle initiierte ein Konsolidierungsprojekt, welches bewusst auf die sehr enge Verbindung externen Beratersachverstandes mit internen Ressourcen setzte. Dadurch sollte eine rasche Erzielung von Ergebnissen aufgrund der internen Kenntnis und auch der Akzeptanz der Mitarbeiter aus der Verwaltung verbunden werden mit dem Transfer von Wissen über Controlling, Kennzahlenvergleiche und *best-practice*-Beispiele von außen. Diese aufzubauende Struktur zielte auch auf eine Verstetigung des Prozesses nach Beendigung einer Beratung sowie Nutzbarkeit für andere übergreifende Verwaltungsveränderungsprojekte ab. Der Konsolidierungsberater war der Oberbürgermeisterin unterstellt und ihm wurde ein Konsolidierungsbüro zugeordnet. Hier lag die Steuerung des Prozesses. Dezentral ist je Geschäftsbereich ein Controller tätig, der eng mit den den Geschäftsbereichen zugeordneten internen Organisationsberatern zusammenarbeitet. Dadurch konnten die Kosten für die externe Vergabe von Organisationsuntersuchungen gering gehalten werden. Aus dem Konsolidierungsbüro, welches direkt der Oberbürgermeisterin zugeordnet war, entstand die Stabsstelle Zentrale Steuerungsunterstützung/Haushaltskonsolidierung, die nach der ersten Phase der Konsolidierung die Begleitung des Prozesses zur Definition strategischer städtischer Ziele übernommen hat und das aufgebaute Controlling der Haushaltskonsolidierung in ein an den strategischen Zielen orientiertes Berichtswesen erweiterte. Die Kosten für die Konsolidierung insgesamt (externer Berater, externe Organisationsuntersuchungen, interne Personal- und Sachkosten) betragen im Zeitraum 2002 bis einschließlich 2007 2,5 Mio. Euro. Dies entspricht rd. drei Prozent der angestrebten Kon-

---

1 Seit 1990 hat sich die Einwohnerzahl von 309.406 auf heute 234.107 verringert und für das Jahr 2020 wird eine Zahl von 195.000 prognostiziert

solidierungssumme. Orientiert an den anzulegenden Vergleichswerten erfolgte die Konsolidierung in der Stadt Halle ausgesprochen kostengünstig.

3.2. Fachkonzepte

Ausgangspunkt der Konsolidierung in Halle waren keine Einzelmaßnahmen: Es wurden flächendeckend über die Gesamtverwaltung sowie die Eigenbetriebe insgesamt 40 Fachkonzepte erarbeitet. Dieser Weg erforderte Zeit und Ressourcen. Mit den Fachkonzepten wurde auf der Basis von Zielen, Rahmenbedingungen und Veränderungsprognosen ein Leistungsprofil definiert, d. h. es wurde die Frage beantwortet, welche Aufgaben künftig in welcher Leistungstiefe und -qualität erbracht werden sollen. Insofern erfolgte eine konsequente Aufgabenkritik. Neben der Kostenseite wurden Einnahmemöglichkeiten und Kostendeckungsgrade diskutiert. Es wurden Varianten und Szenarien erarbeitet, die seitdem Grundlage für Verwaltungs- bzw. Stadtratsentscheidungen sind. Die Fachkonzepte definieren verbindlich die Ziele und Aufgaben eines Fachbereiches und den für eine effiziente Aufgabenwahrnehmung erforderlichen Ressourcenverbrauch. Für die Erstellung wurde eine einheitliche Gliederung erarbeitet (siehe Abbildung 2).

1.	**Zusammenfassung**	
2.	**Ausgangssituation**	
2.1	Aufgabenspektrum (vergl. auch Pkt. 3.1.2)	
2.2	Aufbauorganisation (Organigramm und Stellenzahl)	
3.	**Konsolidierungspotenziale**	
3.1	Organisationseinheit/Aufgabenbereich	
3.1.1	Kurze Darstellung der Aufgaben (so weit relevant)	
3.1.2	Darstellung der aufwandsbestimmenden Faktoren (Fallzahlen, Mengengerüste, möglichst über ein Zeitschiene von 3 bis 5 Jahren)	
3.1.3	Darstellung der Bemessungswerte (z. B. mittlere Bearbeitungszeiten, Städtevergleichszahlen u. a.)	**oder**
3.1.3.	Darstellung der Soll-Werte und der erforderlichen Maßnahmen zur Erzielung des Solls (z. B. Aufgabenkritik, Standardreduzierung, Geschäftsprozessoptimierung...)	
3.1.4.	Auswirkung der Maßnahmen (z. B. Verlängerung der Bearbeitungszeit um xx Tage)	**oder**
3.1.4	ggf. Darstellung erforderlicher Entscheidungsbedarfe	

Abbildung 2: Gliederung für die Erstellung der Fachkonzepte

Nach Beschlussfassung über ein Fachkonzept ist dieses verbindlicher Handlungsrahmen für die zu erbringenden Konsolidierungsbeiträge in Jahresscheiben, für die Personalarbeit und für Budgetzuweisungen im Rahmen der Haushaltsplanberatungen. Mittlerweile wurde auf Grundlage der Fachkonzepte für jeden Fachbereich für eine effektive Personalarbeit eine Altersstrukturentwicklung sowie eine Fluktuationsprognose erstellt, die zurzeit um eine qualitative Personalbedarfsplanung ergänzt werden. Jeder Fachbereich hat Zugriff auf seine Stellenbesetzungsdatei. Zuführungen von personellen Ressourcen erfolgen nur im Rahmen des definierten Bedarfs. Zusätzlich wurde je Fachbereich eine Datei mit den kw-Stellen eingerichtet. In Einzelgesprächen wurden federführend durch die Fachbereichsleiter in Abstimmung mit dem Personalservice diesen Stellen Beschäftigte zugeordnet, die sich nunmehr im Personaltransfer befinden.

3.3 Maßnahmen im Personalmanagement

3.3.1. Sofortmaßnahmen zur Personalkostensenkung

Um die Personalkosten für die im Rahmen der Fachkonzepte als entbehrlich definierten Stellen/Beschäftigten baldmöglichst haushaltswirksam einzusparen, wurde ein Sofortpaket personalwirtschaftlicher Maßnahmen umgesetzt. Ein oft praktiziertes Setzen auf die natürliche Altersfluktuation schied aufgrund der Langfristigkeit zu erzielender Effekte aus. Im Einzelnen gibt es seitdem folgende Angebote/Maßnahmen:

a) Freiwillige Teilzeitarbeit unter Zahlung eines Bonus als Teilausgleich für freiwilligen Lohnverzicht. Abschluss von Verträgen im Jahr 2003 mit einer Laufzeit bis zum Jahr 2008. Dieses Angebot wurde von 397 Beschäftigten angenommen und führte zu einer Personalkosteneinsparung von 4,5 Mio. Euro.
b) Abschluss von Altersteilzeitverträgen, Altersteilzeitverträgen gekoppelt mit einem Rentenmodell. Diese Möglichkeiten werden auch heute noch offeriert, wenn sie sich im Einzelfall als wirtschaftlich erweisen. Insgesamt wurden in den Jahren 2004-2008 bisher Einsparbeiträge in Höhe von 7,2 Mio. Euro untersetzt.
c) Angebot der Beendigung des Arbeitsverhältnisses gegen Zahlung einer Abfindung. Diese Maßnahme nahmen im Jahr 2001 243 Beschäftigte, im Jahr 2002 50 Beschäftigte und in den Jahren 2003 bis 2005 71 Beschäftigte, also insgesamt 364 an. Heute ist das Interesse bis auf Einzelfälle stark gesunken.
d) Für verbleibende Personalüberkapazitäten wurde im Jahr 2003 ein Sozialtarifvertrag zum Ausgleich der Aufwendungen und zur Vermeidung

betriebsbedingter Kündigungen abgeschlossen. Zunächst erfolgte eine flächendeckende solidarische Arbeitszeitabsenkung auf 36 Stunden, welche dann im Jahr 2004 auf 37 Stunden und im Folgejahr auf 38 Stunden entsprechend dem bis dahin vollzogenen Abbau von Überkapazitäten wieder angehoben werden konnte. Der Tarifvertrag hat eine Laufzeit bis zum Jahr 2008. Ziel ist es, die bisherige flächendeckende Arbeitszeitabsenkung durch einen Tarifvertrag zu ersetzen, der Überkapazitäten dort abbaut, wo sie tatsächlich vorhanden sind. Grundlage dafür können die erstellten Fachkonzepte sein.

3.3.2. Aufbau eines Gesundheitsmanagements

Im Rahmen der mit der Haushaltskonsolidierung beginnenden Umstrukturierungsprozesse wurde aus bisher einzelnen Bausteinen ein ganzheitliches Gesundheitsmanagement entwickelt.

Es mag sich anfänglich wie ein Widerspruch anhören, aber die Stadt Halle hat gleichzeitig mit der Haushaltskonsolidierung folgendes Ziel formuliert: Die Stadt Halle ist ein gesunder Arbeitgeber, sie fördert die Gesundheit ihrer Beschäftigten und ergreift Maßnahmen zur besseren Verbindung von beruflichen und privaten Zielen und Anforderungen. Dies geschah aus folgenden Überlegungen: Eine Reduzierung der Beschäftigten geht mit einer Verdichtung der Arbeitsprozesse einher, die nur mit gesunden und motivierten Beschäftigten zu bewältigen ist. Aus der Erkenntnis heraus, dass der Altersdurchschnitt in der Stadtverwaltung Halle bei 45,7 Jahren liegt und es in einigen Teams sogar Werte über 55 Jahre gibt, wurden erste Vorstellungen entwickelt, wie das Personalmanagement reagieren kann.

Das Gesundheitsmanagement selbst kostete und kostet natürlich zunächst Geld, aber die Ergebnisse zeigen, dass sich die Investition in zwei Gesundheitsmanager lohnt. Es ist gelungen, den Krankenstand seit dem Jahr 2003 von 7,4 Prozent auf heute 6,1 Prozent zu senken. Verbunden damit sanken die Lohnfortzahlungskosten um 7,7 Mio. Euro über einen Zeitraum von vier Jahren. Bereits vor der gesetzlich fixierten Verpflichtung für den Arbeitgeber hat die Stadt Halle ein Eingliederungsmanagement installiert, was unter anderem dazu führte, dass sich die Anzahl der Langzeitkranken, die Zahl der Ausfalltage insgesamt und je Mitarbeiter verringerten. Der Katalog präventiver Maßnahmen (vgl. Abbildung 3) sowie die dezentralen Angebote (u. a. Gesundheitszirkel) erhöhten die Zufriedenheit der Beschäftigten in Schwerpunktbereichen mit hohem Krankenstand und senkten diesen ab.

Letztendlich ist die Stadt der Erkenntnis gefolgt, dass die Steigerung der Effektivität und Qualität der städtischen Angebote nur mit gesunden und motivierten Beschäftigten möglich ist. Dabei reicht es als Arbeitgeber nicht aus, Leistung permanent zu fordern – man muss diese durch geeignete Rahmenbedingungen fördern. Die Erfahrungen mit der Einführung des Gesundheitsmanagements in der Stadt Halle zeigen, dass die Beschäftigten durchaus erkennen, dass der Arbeitgeber sich für sie interessiert und nicht nur die Arbeitskraft einkauft.

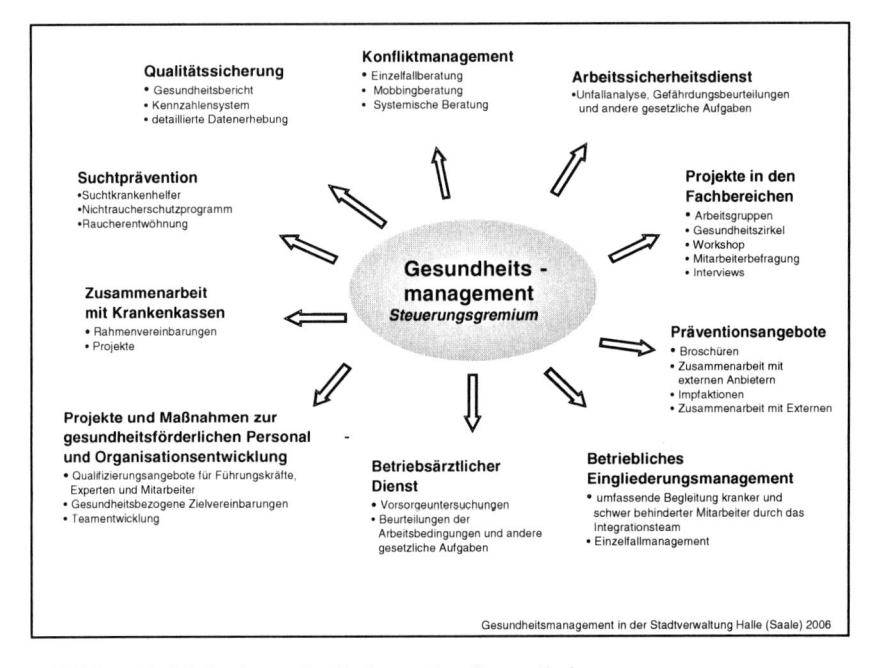

Abbildung 3: Maßnahmen im Rahmen des Gesundheitsmanagements

3.3.3. Einführung des Führens mit Zielen

Es ist keine neue Erkenntnis, dass ein Gelingen von Veränderungsprozessen und die Erbringung von guten Arbeitsergebnissen sehr stark von geeigneten Mitteln der Information und Kommunikation abhängig sind. Hier gilt: Mehr ist nicht genug und zu wenig impliziert Misserfolg. Deshalb hat die Stadt Halle beginnend mit der Schulung der Führungskräfte in den Jahren 2004/2005 das Führungsinstrument »Führen mit Zielen« eingeführt. Anlass war dabei nicht die Haushaltskonsolidierung allein, sondern auch die Erfahrung mit dem Stagnieren der Verwaltungsreformprozesse sowie die unzureichende Information der Beschäftigten über die Ziele und Veränderungsprozesse in der Stadt; des Weiteren der beklagte Mangel an Feedback zur eigenen Leistung sowie das nicht ausreichende Vorhandensein von Daten über Potenziale der Beschäftigten gekoppelt mit Anforderungsprofilen, die Ausgangsbasis einer gezielten Personalentwicklung sein können.

Der Anspruch, Ziele und Vorgehensweisen im Rahmen der Haushaltskonsolidierung breit zu kommunizieren, die Beschäftigten an der Erarbeitung der Fachkonzepte in einem sinnvollen Rahmen zu beteiligen und nicht nur über Ergebnisse zu informieren, nicht nur auf einmal nur Potenziale der Beschäftigten zu erheben, deren Stellen wegfallen, und diese somit in eine Ecke zu stellen, Motivation für die Annahme und Akzeptanz der personalwirtschaftlichen Sofortmaßnahmen (siehe 3.3.1.) zu bieten, hätte nicht in dem Maße erreicht werden können, wenn im Prozess der Einführung des Führens mit Zielen nicht eine intensive Auseinandersetzung aller Führungskräfte mit ihren Rollen und ihrer Verantwortung in Veränderungsprozessen stattgefunden hätte und geeignete Kommunikations- und Konfliktmanagementinstrumente vermittelt worden wären. Erstmalig kann für das Jahr 2006 gesagt werden, dass mit jedem Beschäftigten ein Zielvereinbarungsgespräch geführt und in Ergebnissen dokumentiert wurde.

3.3.4. Personaltransferkonzept – »Transfer 2015«

Bewusst verwenden wir den Begriff *Personaltransfer*, und so heißt auch ein Team im Personalservice. Wir sagen also nicht, es gibt Kräfte auf kw-Stellen, in einem Pool, Beschäftigte, die nicht mehr gebraucht werden, sondern es gibt Personalerfordernisse und diese werden durch verschiedene Transfers gelöst. Das Jahr 2015 ist dabei das Jahr, auf welches alle Erhebungen im Rahmen der Analysen zur qualitativen und quantitativen Personalbedarfsplanung abzielen. Dies verhindert, dass allen Beschäftigten, deren Stellen aufgrund der Fachkonzepte weggefallen sind, suggeriert wird, dass sie mit der dann personenbezogenen Zuordnung zum Personaltransfer ab sofort nicht mehr gebraucht werden, was auch nicht in jedem Fall so ist. Es gibt unterschiedlichste Konstellationen. So gibt es Fachbereiche, die nach Anwendung des Sozialtarifvertrags im Arbeitszeitvolumen ein Defizit haben, und andere, die trotzdem im Plus sind. Über das Transfermanagement wird ggf. auch durch Förderung des Umsetzens eines anderen Beschäftigten und dortiger Nachbesetzung Kompensation realisiert. Dann gibt es Personal, welches auf anderen freien Stellen eingesetzt werden kann, ggf. nach Einarbeitung und Anqualifizierung. Weiterhin gibt es Personal, das für kurzfristige Sonderprojekte, die nicht in den Fachkonzepten bemessen wurden, erforderlich ist, kurzfristige Aufgaben mit Refinanzierung, die möglichst mit eigenem Personal abzudecken sind, und natürlich auch nicht zu leugnen: Beschäftigte, für die es kurz-, mittel- und langfristig keine Beschäftigungsmöglichkeit gibt. Auf letztere Gruppe konzentrierten sich die unter Sofortmaßnahmen gemachten Angebote. Anderen Beschäftigten werden Stellen gleichwertiger Entgeltgruppe oder auch Stellen angeboten, die mit einer Rückgruppierung verbunden sind. Vor jeder Stellenbesetzung wird die sich im Transfer befindliche personelle Reserve geprüft. Dies ist Bestandteil des Personalvermittlungsbereiches, wobei Beschäftigte im Transfer einen direkten Ansprechpartner haben, der ein Leistungsprofil erstellt, Einsatzwünsche erfasst und ein Einzelfallmanagement führt. Für Transferpersonal wurde ein eigener Unterabschnitt im Haushalt gebildet, in dem 238 Beschäftigte mit Personalkosten von 7,7 Mio. Euro zugeordnet sind. Diesen Beschäftigten stehen Wiederbesetzungsbedarfe von 345 Stellen bis zum Jahr 2015 gegenüber. Eine Besetzung dieser Stellen allein aus dem Transfer ist nicht gegeben, da Anforderungs- und Leistungsprofile differieren. Der Transferbereich fördert deshalb auch die Motivation anderer Beschäftigter auf interne lukrative Ausschreibungen, die zum Teil heute oft nicht gegeben ist. Im Abgleich wurde eine Prognose für notwendige Einstellungskorridore gestellt, die es ab dem Jahr 2007 geben wird, um bereits jetzt Personal zu gewinnen, was bei Abwarten auf eine natürliche Fluktuation am Markt nicht verfügbar wäre. Ein Abwarten würde den Altersdurchschnitt in einigen Bereichen auf ein nicht vertretbares Maß heben. Insofern ist Transfer eine allgemeine Aufgabe und bezieht sich nicht speziell auf Beschäftigte, die aufgrund der Fachkonzepte in Reserve sind.

4. Ergebnisse des Prozesses – Erfolgsfaktoren und kritische Würdigung

Durch die Projektstruktur ist es gelungen, flächendeckend für die Stadtverwaltung Fachkonzepte zu erstellen. Diese bilden mittlerweile die zentrale Steuerungsgrundlage für die qualitative und quantitative Personalbedarfsplanung.

Die Fachkonzepte schaffen Transparenz. So besteht Klarheit, dass eine nach Fachkonzept zur Aufgabenerfüllung bestätigte Stelle besetzt werden kann; d. h. nicht derjenige bekommt eine Besetzung genehmigt, der den besten Draht zur Personalabteilung hat, sondern es geht nach verbindlich festgeschriebenem Bedarf. Mit Besetzungssperren und Einstellungsstopps wird nicht mehr gearbeitet.

Die Fachbereichs- und Einrichtungsleiter haben sich nach anfänglicher Reserviertheit und der Nichtbereitschaft, Verantwortung für die Fachkonzepte und deren Ergebnis zu übernehmen (»Ich wollte das nicht«, »funktioniert nicht«, »wollte der Berater so« etc.), mit diesen identifiziert. Sie haben ihre Aufgaben, Prozesse, Abläufe und Strukturen ggf. mit Unterstützung interner bzw. externer Organisationsberatung unter personellen, finanziellen Aspekten sowie Wirkungen analysiert und sind Träger der Entwicklung geworden, nicht nur im Hinblick auf die Konsolidierung, sondern die stetige Überprüfung eigener Abläufe. Mittlerweile sind manche Fachkonzepte bereits ein- bis zweimal fortgeschrieben worden, wobei entsprechend dem Modell externer Beratung mit den Organisatoren als interne Berater zusammengearbeitet wird, die ihrerseits die Führungskräfte durch die Weitergabe von Organisationswissen stärken. Unter anderem entstand ein Handbuch für Führungskräfte mit Basiswissen aus dem Organisationsmanagement.

Oft wurden die Beschäftigten nicht nur über die Ergebnisse und die Auswirkungen auf ihren jeweiligen Arbeitsplatz informiert, sondern in die Erarbeitung und Diskussion offensiv mit einbezogen. Damit wurden erste kleine Schritte auf dem Weg von Organisationsuntersuchungen zu Organisationsentwicklungen als Baustein einer lernenden Organisation vollzogen.

Ebenfalls weiterentwickelt hat sich aufgrund der Breite des Prozesses das Bewusstsein für Kosten und Finanzierungszusammenhänge. So legten manche Einrichtungen das erste Mal sowohl den Fokus auf die Reduzierung der Ausgaben als auch auf die Prüfung von Möglichkeiten verbesserter Einnahmen. Insgesamt stärkte der Prozess die Rolle der Fachbereichsleiter als Budgetverantwortliche.

Die im Rahmen der Haushaltskonsolidierung zu untersetzende Einsparsumme konnte haushaltswirksam unterlegt werden. Bei den Personalausgaben ist es gelungen, diese trotz Tarifanpassungen und Erhöhung weiterer Arbeitgeberaufwendungen auf 135,8 Mio. Euro und den Anteil der Personalkosten am Verwaltungshaushalt auf 28,4 Prozent abzusenken. Für Eigenbetriebe ZGM, Theater und Kindertageseinrichtungen sowie den Verbund Oper/Philharmonie wurden eigene Fachkonzepte verabschiedet und die daraus resultierenden Möglichkeiten der Personalkostensenkung durch den Abschluss separater Sozialtarifverträge aktiviert.

Die durch die Fachkonzepte erzielte Transparenz erleichterte die Verhandlungen mit den Tarifvertragsparteien und dem Personalrat.

Der Know-how-Transfer zwischen externem Konsolidierungsberater und den internen Projektbeteiligten hat optimal funktioniert, die Stelle wurde dann intern besetzt und das Konsolidierungsbüro in eine Stabsstelle Zentrale Steuerungsunterstützung umgewandelt.

Nicht in jedem Fall konnte die Verwaltung aufgezeigte Einsparmöglichkeiten im Stadtrat durchsetzen, aber aufgrund der vorgenommenen Analysen war es möglich, die Folgen umfassend darzulegen. Erleichtert wurden die Haushaltsberatungen durch die Abkehr von kleinteiligen Diskussionen hin zu einer produktorientierten Betrachtung.

5. Nächster Aufgabenschritt – Verstärkung des strategischen Managements, Festlegung gesamtstädtischer Ziele

Im Jahr 2005 zeichnete sich ab, dass die bisherigen Einsparbemühungen nicht ausreichen werden, um den Haushaltsausgleich wie vorgesehen bis zum Jahr 2007 zu erreichen. Deshalb wurde der Konsolidierungszeitraum bis zum Jahr 2012 verlängert, um Zeit für die Umsetzung bereits beschlossener Maßnahmen zu gewinnen und neue zu definieren.

Weiterhin zeigte sich das Erfordernis, nicht nur von unten nach oben bei der Erstellung der Fachkonzepte über Ziele, Aufgaben und deren Wahrnehmungsqualität zu diskutieren; es erschien auch notwendig, in der Verwaltung und mit dem Stadtrat als politischer Ebene in einem Diskussionsprozess auch gegenläufig Vorgaben von oben nach unten zu entwickeln. Dieser Prozess ist noch nicht abgeschlossen. Zwischenergebnisse sind, dass auf der operativen Ebene durch die Fachbereiche Ziele entwickelt wurden, die dann in den Geschäftsbereichen in Zielkonferenzen zu Geschäftsbereichszielen zusammengeführt wurden, welche durch den Verwaltungsvorstand priorisiert und in einen Vorschlag für acht gesamtstädtische strategische Ziele bis zum Jahr 2015 mündeten. Dabei wurden auch Szenarien aufgestellt, was bei einer Budgetreduzierung von X Prozent noch nach Prioritäten zu finanzierende oder zu streichende bzw. im Standard zu reduzierende Aufgabenbereiche wären.

6. Fazit

Für die Stadt Halle kann keine Erfolgsmeldung abgegeben werden, dass es gelungen ist, den angestrebten Haushaltsausgleich zu erreichen. Dafür gibt es vielfältige Ursachen, die sich in nicht beeinflussbare und beeinflussbare unterteilen lassen. Als Beispiel seien hier die weitere – über den Annahmen liegende – Verschlechterung der Einnahmesituation, aber auch die nicht immer durchgängig vorhandene Konsequenz, in Verwaltung und Politik das Sparen als oberstes Gebot zu sehen, zu nennen.

Das heißt schlicht – gemäß der Weisheit jeder guten Hausfrau und jedes guten Kaufmanns – zu berücksichtigen, nur das Geld auszugeben, was verfügbar ist. Kein Stadtrat und keine Oberbürgermeisterin werden hier widersprechen. Aber trotz der Widerstände betroffener Klientel Kürzungen vorzunehmen, Einrichtungen zu schließen und den unwiederbringlichen Abschied von Standards in der Praxis zu vollziehen gelingt nicht immer mit der erforderlichen Konsequenz. So passt es nicht ins Bild, wenn in Zeiten allgemeinen Gürtel-enger-Schnallens von Bürger und Verwaltung die Kosten, welche die Politik selbst verursacht, steigen.

Es ist gelungen, ein Bewusstsein zu schaffen, dass es zur Haushaltskonsolidierung und zur Anpassung der Aufgaben und Ausgaben an die vorhandenen finanziellen Spielräume keine Alternative gibt, also nicht wie in der Vergangenheit agiert werden kann: alles tun, koste es, was es wolle, egal welche Lasten künftigen Generationen aufgebürdet werden.

Es reifte die Einsicht, dass diese schwierige Aufgabe nicht delegierbar ist, es sei denn, man strebt die Abgabe von Handlungsspielräumen auf einen »Sparkommissar« an. Ohne Rückschläge zu leugnen, befindet sich die Stadt Halle auf dem Weg zu einem selbsttragenden Konsolidierungsprozess.

Die erforderlichen Anpassungen von Kommunen an veränderte Rahmenbedingungen, die nicht nur finanzieller Natur sind, nehmen zu. Organisationen können sich dann erfolgreich positionieren, wenn ihre Innovationsgeschwindigkeit schneller bzw. mindestens so schnell ist, wie die Veränderungsgeschwindigkeit der sie beeinflussenden Faktoren der sie umgebenden Umwelt. Dies setzt eine Veränderungskultur sowie die Schaffung von Instrumentarien zur Steuerung von Veränderungsprozessen voraus. Die im Rahmen des Projektdesigns zur Haushaltskonsolidierung gewonnenen Erfahrungen und Erkenntnisse und die geschaffenen Werkzeuge können dies leisten. Insofern ist der Prozess der Haushaltskonsolidierung in der Stadt und sein Erfolg nicht nur finanziell messbar, sondern hat auch einen Managementmehrwert erzeugt.

Sicher gibt es für die Gestaltung von Konsolidierungsprozessen und für die damit verbundenen Herausforderungen im Personalmanagement keinen Königinnenweg, der sich eins zu eins auf andere Kommunen übertragen lässt, aber es gibt Eckpunkte, die ein Gelingen fördern.

Insgesamt stehen die Kommunen aufgrund des großen Veränderungsdrucks und der zunehmenden Komplexität im Bezugsrahmen vor einem Prozess, der nicht nur hierarchischen und bürokratischen Systemen konforme Handlungsweisen abverlangt, die auf Routinen in Abläufen, Handlungen als Vollzug von einschlägigen Vorschriften mit Rückversicherung aufbauen, sondern zähe Abläufe durch exzeptionelles und risikofreudiges Handeln ablösen und orientiert ist an Visionen, Zielen, Kosten und Wirkungen.

Auf diesen steinigen, aber nicht aussichtslosen Weg hat sich die Stadt Halle begeben. Sie bohrt, um mit Max Weber zu sprechen, dicke Bretter. Den Gestaltern gehört die Zukunft, den Zauderern bleibt die Rolle der Zaungäste. Diese liegt uns nicht.

Literatur

Becker, M. (2002). *Personalentwicklung – Bildung, Förderung und Organisationsentwicklung in Theorie und Praxis.* Stuttgart: Schäffer-Poeschel.

Evers, W. (2006). Wege aus der Krise finden. *Der Gemeinderat, 10,* 14-15.

Gemeindefinanzbericht 2006. *Der Städtetag 5/2006, Deutscher Städtetag.* Carl Heymanns Verlag.

Mutter, M. (2005). *Strategisches und nachhaltiges Management kommunaler Konsolidierungsprozesse – Projektdesign und Controlling,* M. Mutter Consulting GmbH, Buchenbach i. Breisgau.

n.n. (2006). Transfer – Wenn öffentliche Verwaltungen abspecken. *HR Services 1/2006.*

Rach, S. (2005). Mitarbeiterqualifikation – fit für neue Aufgaben. *Innovative Verwaltung, 5,* 18ff.

Siepmann, H. & Siepmann, U. (2004). *Verwaltungsorganisation.* Stuttgart: Deutscher Gemeindeverlag GmbH.

Thom, N. & Zaugg, R. (Hrsg.) (2006). *Moderne Personalentwicklung – Mitarbeiterpotenziale erkennen, entwickeln und fördern.* Wiesbaden: Gabler.

Personalmanagement in der Bundesagentur für Arbeit – Von der Behörde zum modernen Dienstleister

Dr. Klaus Schuberth

1. Die Reform der BA

Ein Beitrag zum Thema »Personalmanagement in der BA – Von der Behörde zum modernen Dienstleister« zwingt dazu, zu Beginn einige Anmerkungen zur grundlegenden Reform der Bundesagentur für Arbeit (BA) zu machen.

Der letztendlich finale Auslöser für den umfassenden Umbau zum modernen Dienstleister ist im sog. »Statistikskandal« zu sehen. Der Bundesrechnungshof stellte zum Jahreswechsel 2001/2002 im Rahmen einer Prüfung in fünf Arbeitsämtern fest, dass bis zu 70 Prozent der Arbeitsvermittlungen fehlerhaft verbucht waren. Die Notwendigkeit, die Bundesanstalt für Arbeit einerseits weiterzuentwickeln und andererseits die Arbeitsmarktpolitik in der Bundesrepublik Deutschland in wesentlichen Teilen zu verändern, war vor dem Hintergrund der anhaltenden Arbeitsmarktmisere im Inland und Erfolg versprechender Reformen in anderen Ländern schon länger offensichtlich.

Die von der Bundesregierung berufene »Hartz-Kommission« legte im Sommer 2002 ihr Konzept zur Reform der BA und für eine veränderte Arbeitsmarktpolitik vor. Vieles von dem übertrug der Gesetzgeber in die vier sog. »Hartz-Gesetze«. BA-intern nahmen Projektgruppen, bestehend aus Mitarbeitern und externen Beratern, die Arbeit auf und entwickelten inhaltliche Konzepte für die neue BA. Seit 2004 werden diese in der Praxis umgesetzt.

2. Der Kern der Reform

Im Zentrum der Reform steht das Konzept des »New Public Management«. NPM ist der Oberbegriff der weltweit relativ einheitlichen »Gesamtbewegung« der Verwaltungsreformen. Charakteristisch für NPM-Reformen ist der Wechsel von der Input- zur Outputorientierung (vgl. Schedler & Proeller, 2000).

Öffentliche Verwaltungen haben in der Vergangenheit überwiegend verrichtungsorientiert gearbeitet und inputorientiert gedacht und gehandelt. Im Zuge der Reform rückt die Output- bzw. die Outcomeorientierung in den Mittelpunkt des Denkens und Handelns (vgl. Abbildung 1). Es ist in diesem Zusammenhang dann weniger bedeutend, wie viel Geld für arbeitsmarktpolitische Instrumente in die Hand genommen wird (Input), wichtiger ist vielmehr, ob eine erfolgreich abgeschlossene Trainingsmaßnahme oder Umschulung qualitativ überzeugt (Output). Letztendlich entscheidend ist es, ob danach eine nachhaltige Integration in den Arbeitsmarkt erfolgt (Outcome), in deren Folge sich die Arbeitslosigkeit verringert.

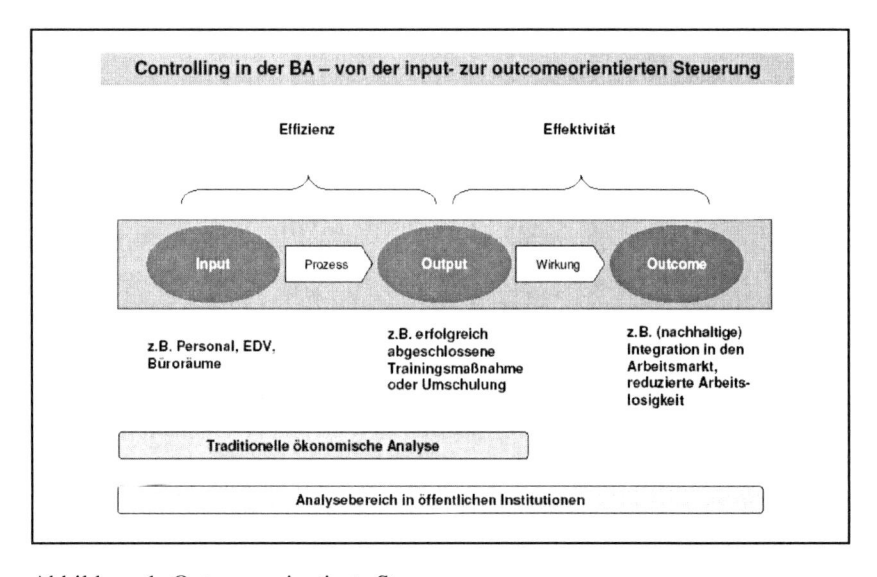

Abbildung 1: Outcomeorientierte Steuerung

Die Wirkung einer arbeitsmarktpolitischen Maßnahme wird also zum finalen Entscheidungskriterium über ihren Einsatz. Effektivität und Effizienz werden zu zentralen Stellwerten der Steuerung. Kontinuierliche Verbesserung der Prozesse geht einher mit der Einführung und Weiterentwicklung eines leistungsfähigen Controllings.

3. Phasen der Reform

Im Mittelpunkt der ersten Reformphase stand infolgedessen die Verbesserung der Wirtschaftlichkeit der BA. Die BA sollte führbar, transparent und leistungsfähig werden. In der zweiten, noch laufenden Reformphase geht es darum, die Einstellungs- und Suchstrategien zu verbessern, die Beschäftigungspotenziale der Arbeitgeber besser zu nutzen und die Wirkung arbeitsmarktpolitischer Instrumente zu erhöhen. Bestandteil einer dritten Reformphase könnte, neben notwendigen Anpassungen, die Organisation des Wettbewerbs von Arbeitsmarktdienstleistern sein (vgl. Abbildung 2).

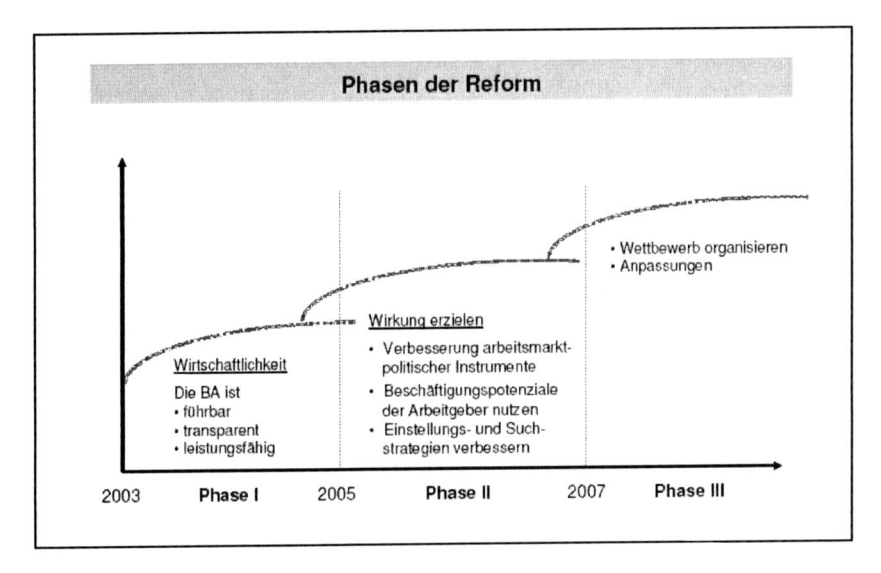

Abbildung 2: Phasen der Reform

Verbunden mit der neuen Steuerungslogik ist ein hoher Zielanspruch an die handelnden Akteure, Führungskräfte wie Mitarbeiter. Wirkung und Wirtschaftlichkeit müssen nicht nur sukzessive in ihren Denk- und Handlungsweisen Raum greifen. Effektivität und Effizienz müssen auch in konkrete Geschäftsprozesse übersetzt und durch steuerungsrelevante Kennzahlen abgebildet werden.

Führen über Ziele wird zum Grundprinzip. Damit verbunden ist die klare persönliche Verantwortlichkeit für die Zielerreichung vor Ort und die Notwendigkeit der Einrichtung von nur einem Führungsstrang zur Sicherstellung der Vereinbarkeit von Zielen (vgl. Abbildung 3).

Steuerungslogik in der BA - Zielanspruch

BA-Steuerungslogik

- Wirkung und Wirtschaftlichkeit
  - Gesamthafte Betrachtung von Aufwand und Wirkung (mit dem Ziel eines Globalhaushaltes)
  - Differenzierte Ausprägung von Wirkung in allen Aufgabenbereichen der BA
  - Übersetzung in konkrete neue Geschäftsprozesse durch operative Kennzahlen

- Transparenz
  - Verknüpfung vorhandener Informationen zu Kundenhistorien mit Maßnahmen und Kosten (BioData)
  - Leistungstransparenz und Benchmarking auf der Grundlage von Vergleichstypen
  - Erhebung der Daten in ausreichender Qualität und anwenderfreundliche Bereitstellung (FIS)

- Dezentrale Verantwortung
  - Führen über Ziele als Grundprinzip
  - Klare persönliche Verantwortlichkeit für Zielerreichung vor Ort
  - Etablierung von nur einem Führungsstrang zur Sicherstellung der Vereinbarkeit von Zielen

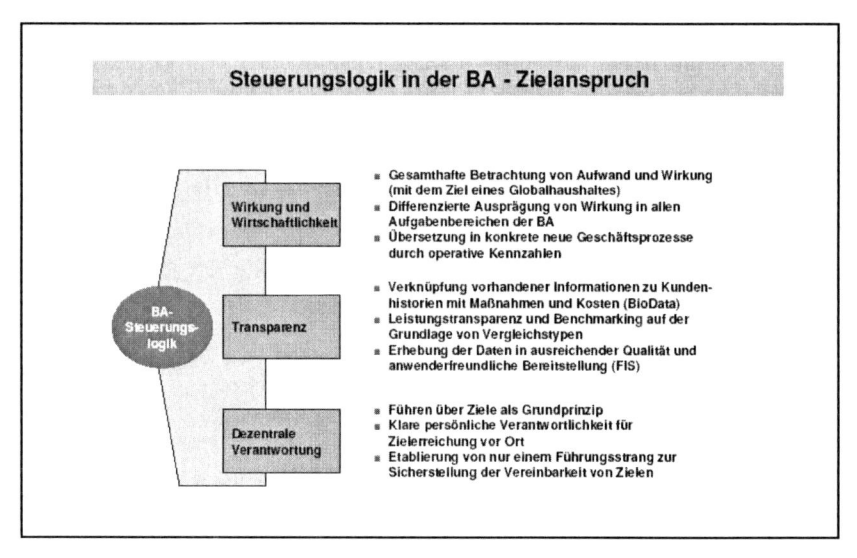

Abbildung 3: Steuerungslogik in der BA

4. Neue Führungsstrukturen als Voraussetzung für neue Steuerung

In der Vergangenheit erfolgte die Führung der Arbeitsämter aus der Zentrale heraus über verschiedene Fachstränge durch Weisungen; in der Regel über die Landesarbeitsämter, teilweise aber auch an ihnen vorbei. Kennzeichnend für die Organisationsstruktur der Zentrale und der Landesarbeitsämter war ein relativ kleinteiliger nach gesetzlichen Zuständigkeiten gegliederter Zuschnitt. Die verrichtungsorientierte Handlungsweise einer klassischen Verwaltung schlug sich im Organigramm nieder.

In der neuen BA erfolgt eine einheitliche Führung der Agenturen für Arbeit nach geschäftspolitischen Zielen über einen Führungsstrang. Die Zentrale konzentriert sich auf die strategische Führung und auf die Entwicklung von Produkten und Programmen. Aufgabe der Regionaldirektionen, diese sind aus den ehemaligen Landesarbeitsämtern entstanden, ist die ergebnisorientierte Führung der Agenturen für Arbeit (vgl. Abbildung 4).

Neue Führungsstrukturen als Voraussetzung für neue Steuerung

Gestern

Zentrale
Abt.-Ltr.   Präsident   Abt.Ltr.

Landesarbeitsämter
Abt.Ltr. Präsident Abt.Ltr.

Arbeitsämter
KBL   Direktor   KBL

Führung der Arbeitsämter über die verschiedenen Fachstränge, unter Umständen sogar an Landesarbeitsämtern vorbei nach Weisungen

Heute

Zentrale
VO   VV   VF

Regionaldirektionen
GO   VG   GF

Agenturen für Arbeit
GO   VG   GF

Einheitliche Führung der Regionaldirektionen und der Agenturen nach geschäftspolitischen Zielen

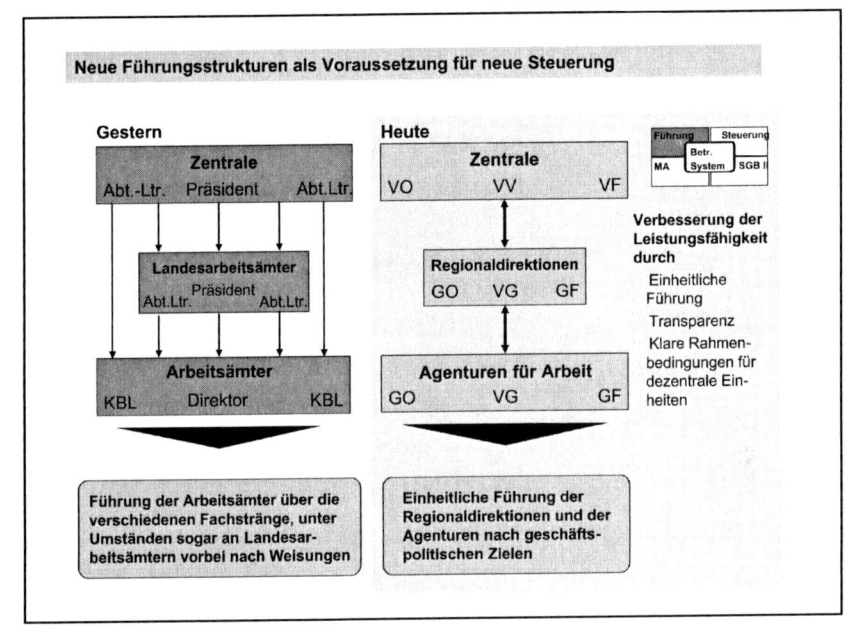

Führung | Steuerung
MA | Betr. System | SGB II

Verbesserung der Leistungsfähigkeit durch
Einheitliche Führung
Transparenz
Klare Rahmenbedingungen für dezentrale Einheiten

Abbildung 4:   Neue Führungsstrukturen

5. Umbau der Organisation in allen Dienststellen

Das hatte zur Konsequenz, dass die Organisationsstrukturen in praktisch allen Dienststellen grundlegend umgebaut werden mussten (vgl. Abbildung 5). Die Zentrale wurde verschlankt. IT und Serviceleistungen wurden ausgelagert. Eine erhebliche Verschlankung gab es auch in den Agenturen für Arbeit. So wurden Dienstleistungen, die telefonisch erledigt werden können, in 52 Servicecentern gebündelt und 102 Familienkassen gebildet. Im Herbst 2006 begann die Konzentration des Internen Service an 45 Standorten.

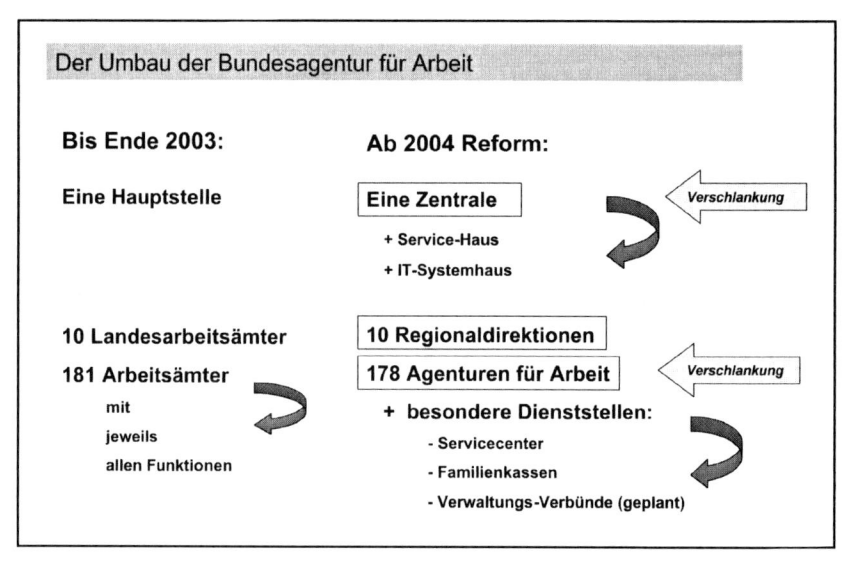

```
Der Umbau der Bundesagentur für Arbeit

Bis Ende 2003:              Ab 2004 Reform:

Eine Hauptstelle            Eine Zentrale              Verschlankung
                            + Service-Haus
                            + IT-Systemhaus

10 Landesarbeitsämter       10 Regionaldirektionen
181 Arbeitsämter            178 Agenturen für Arbeit   Verschlankung
   mit                      + besondere Dienststellen:
   jeweils                     - Servicecenter
   allen Funktionen            - Familienkassen
                               - Verwaltungs-Verbünde (geplant)
```

Abbildung 5: Der Umbau der BA

6. Personalumsetzung in erheblichem Umfang auf allen Ebenen

Damit verbunden war eine Personalmigration in erheblichem Umfang. Diese wurde zum einen durch die Bildung von besonderen Dienststellen an teilweise neuen Standorten (Servicecenter, Familienkassen, Interner Service), zum andern durch die Bildung neuer Führungsstrukturen ausgelöst. Bestand die Führung eines Arbeitsamtes früher aus einem Direktor und drei Abteilungsleitern, wird eine Agentur für Arbeit heute von einem Vorsitzenden der Geschäftsführung, einem Geschäftsführer Operativ und einem Geschäftsführer Personal und Finanzen geführt. Auf den darunterliegenden Führungsebenen wurden die Führungsspannen und damit die Zahl der Führungskräfte verändert. Die Führungsspanne der Abschnitts-/Bereichsleiter wurde vergrößert, die der Teamleiter verkleinert. Ihre Zahl entwickelte sich gegenläufig (vgl. Abbildung 6).

```
┌─────────────────────────────────────────────────────────────┐
│         Umbau der Organisation in allen Dienststellen (I)   │
│                                                             │
│   Bis Ende 2003              Ab Reform 2004                 │
│                                                             │
│  ┌──────────────────────┐  ┌──────────────────────────┐     │
│  │ In jedem Arbeitsamt: │  │ In jeder Agentur:        │     │
│  │ 1 Direktor + 3 Führungskräfte │ Führungsgremium VG-GO-GF │
│  │ + Abschnittsleiter   │  │ + Bereichsleiter         │     │
│  │ + Teamleiter         │  │ + Teamleiter             │     │
│  └──────────────────────┘  └──────────────────────────┘     │
│                                                             │
│   Problem: Große Führungsspannen!  Führungsspannen deutlich kleiner! │
│                          ┌──────────────────────────────┐   │
│                   ↰      │ Verlagerung von Funktionen und Personal │
│                          │ durch Einrichtung besonderer Dienststellen: │
│                          │    52   ServiceCenter        │   │
│                          │   102   Familienkassen       │   │
│                          │    59   Standorte/Verbünde (geplant) │
│                          └──────────────────────────────┘   │
└─────────────────────────────────────────────────────────────┘
```

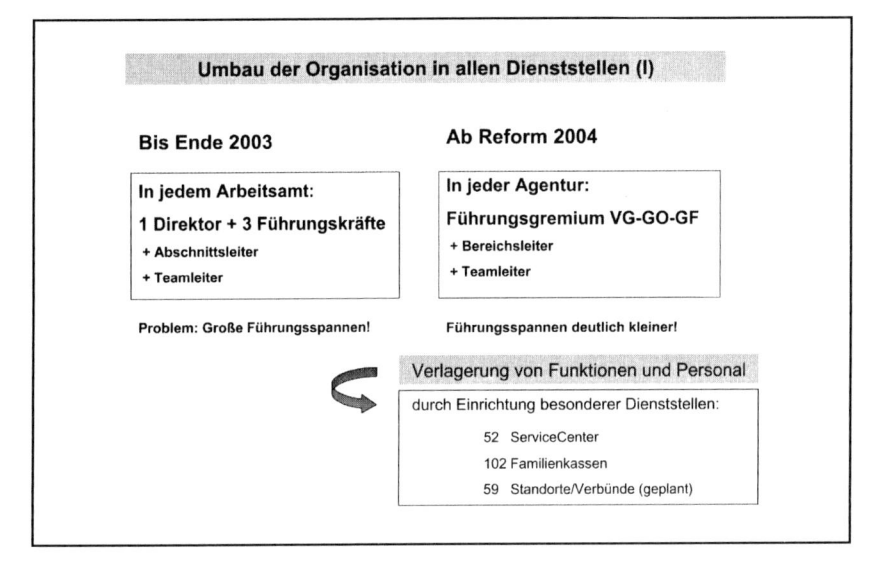

Abbildung 6: Umbau auf allen Ebenen

In den Agenturen für Arbeit mussten sich nahezu alle Führungskräfte um die neuen Positionen bewerben. Vor dem Hintergrund schlankerer Strukturen und auf der Grundlage des Prinzips der Bestenauslese erhielt die Führungsmannschaft der Agenturen eine bessere Qualität. Für den Personalbereich bedeutete das die Durchführung einer Vielzahl von Auswahl- und Besetzungsverfahren.

Ein zusätzlicher Faktor für das Personalmanagement erwuchs aus der Bildung von bundesweit über 300 Arbeitsgemeinschaften (ARGEN), in denen die BA und die jeweilige Kommune die Empfänger von Arbeitslosengeld II betreuen. In diese Organisation wurden mit Jahresbeginn 2005 rd. 26.000 Mitarbeiter der BA überführt, rd. 30 Prozent der Gesamtbelegschaft.

7. Neues System der Personalentwicklung

Ein wesentlicher Reformanspruch bestand darüber hinaus von Anfang an darin, das Personalentwicklungssystem weiterzuentwickeln. Es sollte transparenter und differenzierter werden und insbesondere stärker auf den individuellen Entwicklungsbedarf zugeschnitten sein (vgl. Abbildung 7).

Einbindung der PEB-RL in das Gesamtsystem der PE

- Grundsätze für Führung und Zusammenarbeit
- (1) Tätigkeits- und Kompetenzprofile
- PE-Controlling
- (2) LEDi/ Vorstufe: PEB-RL Führungskräftefeedback
- (3) Entwicklungspfade
- (4) PE-Instrumente
- (5) Leistungsmanagement

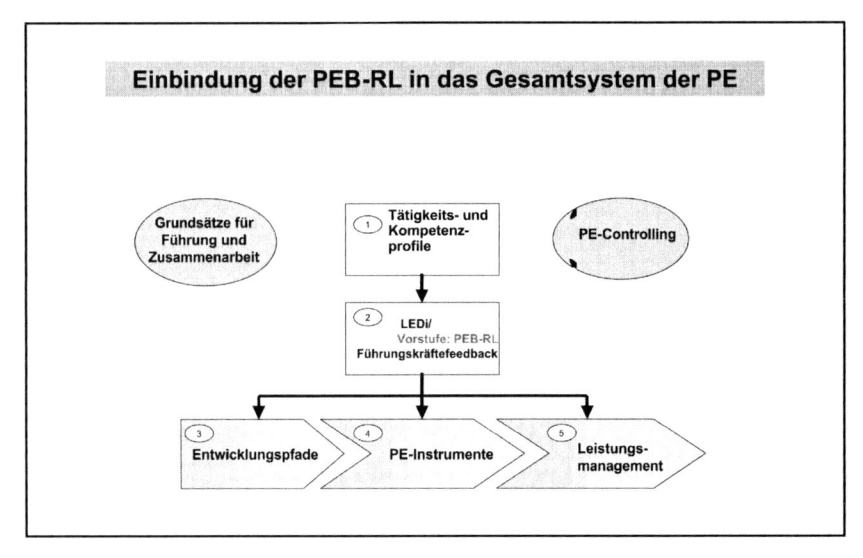

Abbildung 7: Das neue System

Die Basis bilden das überarbeitete Leitbild und die neu gefassten Grundsätze für Führung und Zusammenarbeit (vgl. Abbildung 8). Im Leitbild wird die programmatische Neuausrichtung der BA deutlich. Die Grundsätze für Führung und Zusammenarbeit sollen Orientierung geben, Rahmen setzen, Handlungsspielräume schaffen und Unterstützung leisten (vgl. Abbildung 9). Sie helfen, den im Leitbild formulierten Anspruch einzulösen, mit exzellenter Führung unsere Ziele zu erreichen. Flankiert werden Leitbild und Grundsätze für Führung und Zusammenarbeit durch regelmäßige elektronische Mitarbeiterbefragungen, die im Kern die Bereiche Zielausrichtung und Entwicklung der Organisation, Zusammenarbeit und Gegenleistungen des Arbeitgebers abgreifen.

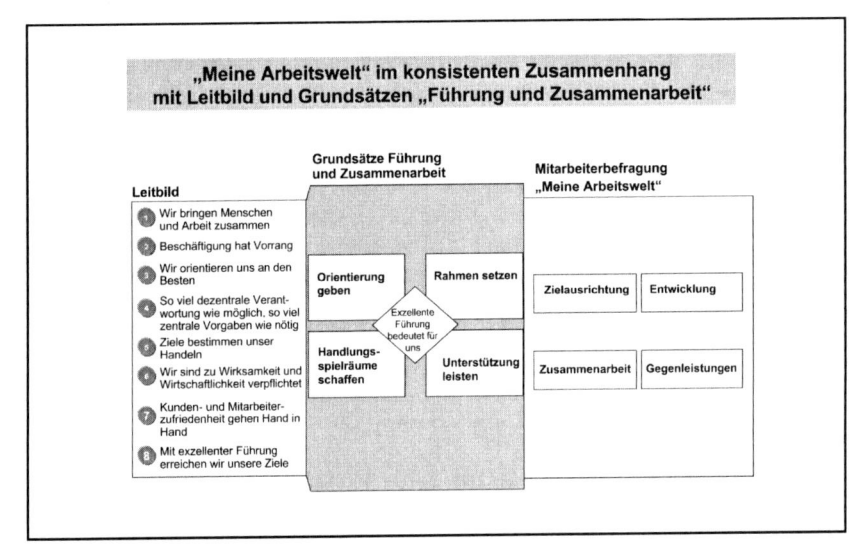

Abbildung 8: Führung und Zusammenarbeit

Abbildung 9: Grundsätze von Führung

Tätigkeits- und Kompetenzprofile (TuK) bilden die stellenbezogene Grundlage für die Mitarbeiterauswahl und Mitarbeiterentwicklung (vgl.

Abbildung 10). In ihnen sind, ausgehend von den Kernaufgaben/Verantwortlichkeiten der jeweiligen Funktion, die fachlichen Anforderungen und Kenntnisse, die sozial-methodischen Anforderungen und Verhaltenserwartungen sowie die notwendige Vor- und Ausbildung und die erforderliche Berufserfahrung beschrieben.

Einführung der Tätigkeits- und Kompetenzprofile (TuK)

Kernaufgaben/Verantwortlichkeiten
- Führung und Steuerung des Bereichs
- Koordination von bereichsübergreifenden Prozessabläufen
- Dienst- und Fachaufsicht im übertragenen Rahmen
- Konzeptionelle Verantwortung für Beiträge des Bereichs zum Gesamtprogramm der AA
- Wahrnehmung von bereichsübergreifenden Aufgaben

Fachliche Anforderungen und Kenntnisse
- Grundkenntnisse der Produkte und Programme der BA
- Fundierte Kenntnisse der Produkte und Programme des Bereichs
- Fundierte Kenntnisse des regionalen Arbeitsmarktes
- Grundkenntnisse MS-Office (Word, Outlook, Excel) und IT-Fachanwendungen (coArb, coBer, coLei, coSach, COMPAS, FINAS, ZEBRA)
- Grundkenntnisse KLR und fundierte Kenntnisse Controlling
- Fundierte Kenntnisse der Personalführung, Grundkenntnisse der Personalentwicklung

Vor- und Ausbildung/Berufserfahrung
- Hochschulabschluss oder vergleichbare Qualifikation
- Mehrjährige Berufserfahrung als Fachkraft in der BA
- Mehrjährige Berufserfahrung mit Führungsverantwortung
oder
- Vergleichbares Profil

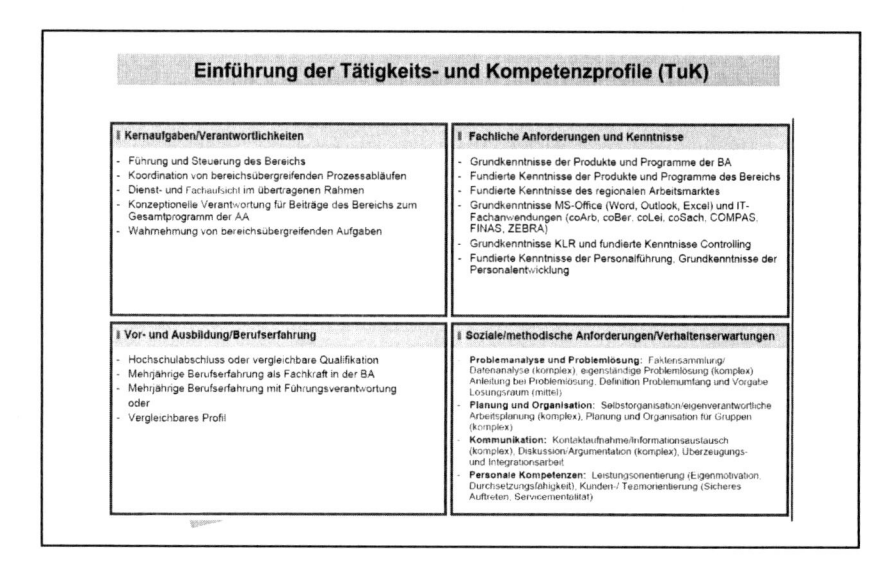

Soziale/methodische Anforderungen/Verhaltenserwartungen
- **Problemanalyse und Problemlösung:** Faktensammlung/Datenanalyse (komplex), eigenständige Problemlösung (komplex), Anleitung bei Problemlösung, Definition Problemumfang und Vorgabe Lösungsraum (mittel)
- **Planung und Organisation:** Selbstorganisation/eigenverantwortliche Arbeitsplanung (komplex), Planung und Organisation für Gruppen (komplex)
- **Kommunikation:** Kontaktaufnahme/Informationsaustausch (komplex), Diskussion/Argumentation (komplex), Überzeugungs- und Integrationsarbeit
- **Personale Kompetenzen:** Leistungsorientierung (Eigenmotivation, Durchsetzungsfähigkeit), Kunden-/Teamorientierung (Sicheres Auftreten, Servicementalität)

Abbildung 10: Tätigkeits- und Kompetenzprofile

Damit bildet das TuK auch einen wichtigen Orientierungspunkt für die Personalentwicklung. Identifizierte Soll-Ist-Abweichungen zwischen TuK und Mitarbeiter zeigen an, welchen Entwicklungsbedarf der Mitarbeiter hat, und schaffen die Grundlage für den Einsatz differenzierter PE-Instrumente. Diese sollen in Zukunft einen spürbar individuelleren Zuschnitt haben als in der Vergangenheit, in der die Fortbildungsmaßnahmen teilweise stark vom Laufbahnprinzip beeinflusst waren.

Um den individuellen Leistungsstand und Entwicklungsbedarf hinreichend erfassen und bewerten zu können, werden Potenzial- und Entwicklungsbeurteilungen im Rahmen eines strukturierten Leistungs- und Entwicklungsdialogs inzwischen in jährlichem Rhythmus durchgeführt und in Form eines Mitarbeitergesprächs eröffnet. Ein strukturiertes Führungskräftefeedback befindet sich in der Entwicklung.

8. Ein eigener Tarifvertrag – TV BA

Unabhängig vom neuen Tarifvertrag des öffentlichen Dienstes (TVöD) hat die BA mit den Tarifvertragsparteien einen eigenen Haustarifvertrag für die BA (TV BA) abgeschlossen. Er zeichnet sich gegenüber dem TVöD durch eine stärkere Leistungsorientierung und eine größere Flexibilität aus. Auch hierin manifestiert sich der Anspruch der BA, ein moderner, leistungs- und damit ergebnisorientierter Dienstleister zu sein.

Die Bezahlung der Angestellten setzt sich aus einem Festgehalt, einer Funktionsstufe und einer Leistungskomponente zusammen (vgl. Abbildung 11).

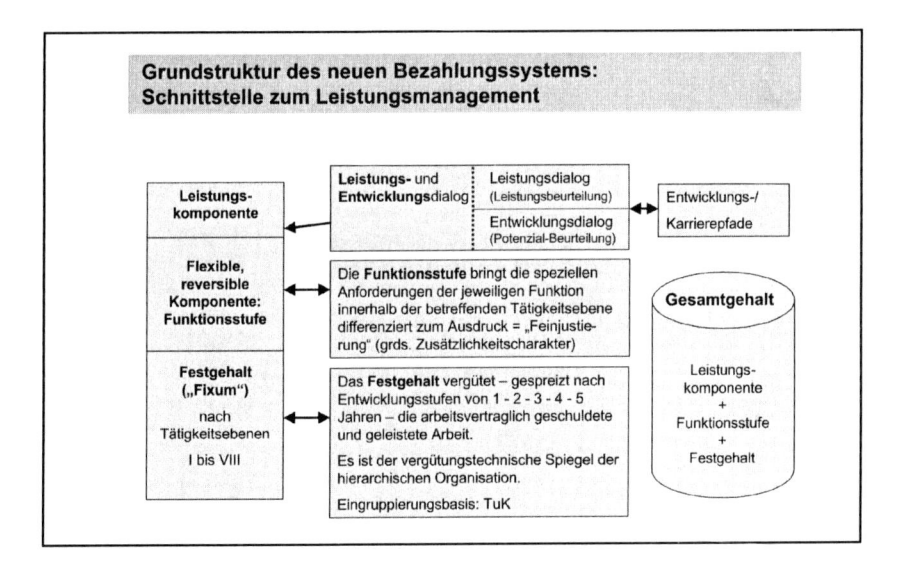

Abbildung 11: Bezahlungssystem

Das nach acht Tätigkeitsebenen differenzierte Festgehalt vergütet die arbeitsvertraglich geschuldete und geleistete Arbeit. Es ist der vergütungstechnische Spiegel der hierarchischen Organisation. Darin enthalten ist eine Spreizung nach Entwicklungsstufen. Diese werden innerhalb von fünf Jahren durchlaufen, jeweils beginnend mit der Übertragung der jeweiligen Tätigkeitsebene. Die aus dem BAT bekannten Dienstaltersstufen sind ersatzlos entfallen.

Die Funktionsstufe bringt die speziellen Anforderungen der jeweiligen Funktion innerhalb der betreffenden Tätigkeitsebene zum Ausdruck. On Top fließt eine Leistungskomponente in das Gesamtgehalt ein.

Außerhalb des Tarifvertrages wird zur Zeit ein AT-Konzept entwickelt. Es soll die Komponenten Festgehalt, Zulage, Leistungskomponente sowie Bonus umfassen und auch auf die Beamten übertragen werden.

9. Beitrag des Personalmanagements zum Geschäftserfolg

Ziel des Personalmanagements der BA ist es, Mitarbeiter/-innen zu motivieren und ihre Potenziale zu erkennen, zu fördern und auszuschöpfen.

Dies geschieht durch mehr Transparenz in der Leistungserwartung, stärkere Ergebnisorientierung, differenzierte und aussagekräftigere Beurteilungen, eine verbesserte Gesprächskultur und durch sachgerechtere Personalentscheidungen.

Durch ihre Innovationen im Personalmanagement leistet die BA einen wichtigen Beitrag zur Sicherstellung ihres Geschäftserfolgs (vgl. Abbildung 12).

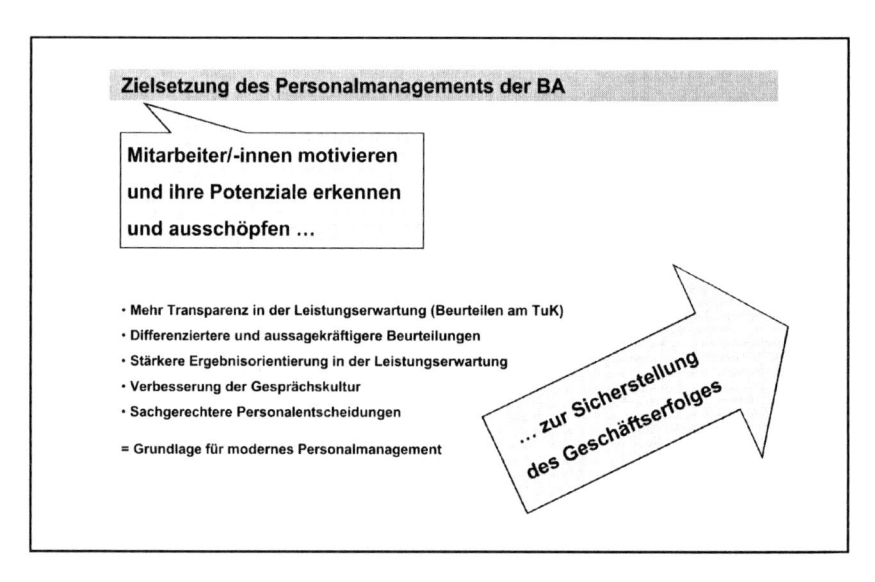

Abbildung 12: Zielsetzung des Personalmanagements

Literatur

Schedler, K. & Proeller, I. (2000). *New Public Management*. UTB: Bern, Stuttgart, Wien.

Personalmanagement im Schulwesen im Wandel – Pädagogische Führungskräfte rücken in den Fokus

Prof. Dr. Stephan Huber und Maren Hiltmann

Im Schulwesen lässt sich international seit einigen Jahren ein struktureller Wandel ausmachen. Als Folge davon stehen auch Veränderungen im Personalmanagement der schulischen Akteure an, vor allem hinsichtlich der pädagogischen Führungskräfte.

Mit dem Begriff Personalmanagement wird Unterschiedliches assoziiert. Auch in der betriebswirtschaftlichen Literatur ist der Begriff Personalmanagement uneinheitlich definiert. Je nach Strömung, z. B. eher verhaltenswissenschaftlicher oder eher ökonomischer Tradition, geraten andere Handlungsfelder in den Fokus. Daneben existieren viele weitere Begriffe für die Beschäftigung mit Personal. Der Begriff Personalmanagement wird in der Regel benutzt, wenn betont werden soll, dass Fragen rund um das Personal als eine gesamtunternehmerische Aufgabe gesehen werden, die sich als Teil eines übergreifenden Managementsystems und als Teil der Unternehmensführung verstehen (vgl. Scholz, 1994). Im Begriffszusammenhang Personalmanagement unterscheidet Scholz (1994, S. 9) zwei Bedeutungsteile: Personalmanagement im Sinne von Verhaltenssteuerung beschäftigt sich mit Fragen der Mitarbeiterführung, während Personalmanagement im Sinne von Systemgestaltung sich mit der Steuerung von Personal befasst. Hierunter werden die klassischen Felder des Personalmanagements subsumiert wie Personalanwerbung und -auswahl, Personaleinsatz, Personalentwicklung, Personalbeurteilung und -entlohnung sowie Personalfreisetzung.

Im vorliegenden Beitrag wird in Anlehnung an die Auffassung von Personalmanagement als Systemgestaltung folgende Frage fokussiert: Welche Personalsysteme werden heute benötigt, um die Personalfrage »Schulleitung« optimal zu unterstützen? Hintergrund für diesen Themenfokus ist, dass Fragen der Führung und Leitung von Schulen eine besondere Aufmerksamkeit in der Bildungspolitik und in der pädagogischen Forschung der letzten Jahre erhalten haben. Dabei standen und stehen nicht nur Fragen der Leistungsfähigkeit der Schüler im Vordergrund wie etwa bei PISA, sondern es wird auch ein neues Verhältnis von Schulaufsicht und Einzelschule bzw. mehr Eigenverantwortlichkeit der Einzelschule und ihrer Leitung diskutiert. In den letzten Jahren ist in dieser Hinsicht international ein Paradigmenwechsel festzustellen. Die einzelne Schule und ihre Leitung rücken immer mehr in den Vordergrund. Schulen sollen selbstständiger werden, mehr entscheiden und mehr gestalten können. Im Zuge der vergrößerten Autonomie, z. B. in Finanzfragen, wird den Schulen aber auch mehr Verantwortung auferlegt. Besonders betroffen von diesen Veränderungen ist die Rolle der Schulleitung.

Dieser Beitrag skizziert die Bedeutung und veränderte Rolle der Schulleitung vor dem Hintergrund des Wandels in Steuerungsfragen im deutschen Schulwesen und diskutiert Konsequenzen für das Personalmanagement dieser besonderen Gruppe der Führungskräfte, der Schulleiterinnen und Schulleiter.

Strukturwandel im Bildungssystem: Neue Anforderungen an Schulleitung

Gerade in den letzten Jahrzehnten sehen sich Schulleiterinnen und Schulleiter weltweit neuen und erweiterten Anforderungen gegenüber. Es zeichnen sich international in vielen Ländern ähnliche gesellschaftliche, kulturelle, politische, ökonomische Wandlungsprozesse ab, die sich letztendlich auf Schulen und die dort Arbeitenden auswirken. Bildungspolitische Maßnahmen wie die Erweiterung der Eigenverantwortung von Schule erhöhen die Ansprüche an Schulleitung. Dezentralisierungstendenzen, also mehr Schulautonomie bzw. eine erweiterte Eigenverantwortung von Schule, und der eventuell einsetzende »Wettbewerb« zwischen den Schulen (vgl. Bullock & Thomas, 1997) können als Belastungen für Schulleiterinnen und Schulleiter interpretiert, aber ebenso auch positiv als neue Aufgaben und Herausforderungen angegangen werden. Neben Dezentralisierungstendenzen gibt es international betrachtet jedoch zunehmend entsprechende Zentralisierungsbemühungen, also eine legislative und administrative Gegenbewegung hin zu stärkerer zentraler Einflussnahme und Kontrolle beispielsweise durch verstärkte Rechenschaftspflicht, Qualitätskontrolle durch Schulinspektionen bzw. externe Evaluation, einen festgeschriebenen Lehrplan mit landesweit einheitlichen Testverfahren, die direkte Vergleiche zulassen etc.

Um diese Veränderungen entsprechend einordnen zu können, ist das bisherige Verständnis der Rolle von Schulleitung in Deutschland von Bedeutung. In Deutschland muss die Rolle der Schulleitung vor einer bürokratischen Tradition gesehen werden. Schulleitung ist gehalten, für einen ordnungsgemäßen Schulbetrieb zu sorgen; weitergehende pädagogisch gestaltende Aufgaben sind im Großen und Ganzen noch in den Anfängen. Im internationalen Vergleich haben deutsche Schulleiter noch relativ wenige Befugnisse. So sind sie im Prinzip nicht zuständig für die Personaleinstellung oder -entlassung, sie haben kaum Einfluss auf die Curricula ihrer Schule und keine Budgethoheit. Innerhalb der Einzelschule tragen Schulleiter insofern die Gesamtverantwortung, als sie für die Einhaltung geltender Rechtsvorschriften und für einen geordneten Schulbetrieb und Unterricht zuständig sind. Sie können über den Einsatz der Lehrkräfte innerhalb der Schule entscheiden, Konferenzbeschlüsse vorbereiten und umsetzen und sie besitzen ein Weisungsrecht gegenüber den Lehrkräften und dem nicht unterrichtenden Personal. Sie haben Verwaltungsaufgaben wahrzunehmen sowie die Aufsicht über Schulanlage und Schulgebäude (das Hausrecht) auszuüben. Außerdem obliegt ihnen die Vertretung der Schule nach außen, also die Kontaktpflege zu Eltern, benachbarten Schulen und Institutionen sowie der politischen Gemeinde. Schulleiterinnen und Schulleiter unterrichten in der Regel auch. Ihr Unterrichtspensum richtet sich nach der Schulart, der Anzahl der Klassen und der Schülerzahl in ihrer Schule und variiert zwischen zwei und elf Wochenstunden.

Der Wandel im Bildungssystem findet jedoch inzwischen auch in Deutschland seinen Niederschlag. In jüngster Zeit mehren sich Versuche und Gesetzesänderungen, in denen mehr Verantwortlichkeiten auf die Einzelschule verlagert werden. In nahezu allen deutschen Bundesländern gibt es Bestrebungen, den Einzelschulen eine größere Gestaltungsverantwortung zu geben. Neben einer Steigerung der Effizienz (auch unter ökonomischen Gesichtspunkten angesichts knapper öffentlicher Haushalte) und einer Verbesserung der Qualität werden von diesen Maßnahmen eine größere innere Demokratisierung der Schulen, flexiblere Problemlösungen vor Ort, die Öffnung der Schulen und vor allem pädagogische Innovationen erwartet.

Veränderte Strukturen im Bildungssystem haben unvermeidlich besonders starke Auswirkungen auf die Einzelschule und somit eben auf die Rolle von Schulleitung und erfordern zusätzliche Schwerpunkte im Aufgabenspektrum von Schulleitung. Zu den tradierten pädagogischen und verwaltungstechnischen Aufgaben kommen erweiterte und neue hinzu. Auch die Gestalt gewohnter Tätigkeiten verändert sich, sodass sich Schulleiter insgesamt einem veränderten und sehr komplexen Spektrum an Anforderungen und Herausforderungen gegenübersehen in der Arbeit mit und für Menschen sowie in der Verwaltung von Ressourcen. Diese Entwicklung bedarf allerdings in besonderem Maße eines professionellen Managements vor Ort.

Zusammenfassend kann festgehalten werden, dass sich zurzeit ein Wandel weg von der »verwalteten« Schule und hin zur Schule als »lernende Organisation« vollzieht. Die Rolle der Schulleitung wandelt sich somit von einer eher verwaltenden Tätigkeit hin zu einer stärker aktiv gestaltenden Managementtätigkeit. Es entsteht im Grunde ein eigenständiges Berufsbild. Als Konsequenz erhöht sich der Bedarf an Qualifizierung für eine angemessene Professionalisierung.

Durch den gegenwärtigen Wandel im Schulsystem ergeben sich zahlreiche neue Anforderungen und Akzentverschiebungen in der Rolle der Schulleitung und die Bedeutung der Rolle von Schulleitung nimmt zu.

Schulqualitäts- und Schulentwicklungsforschung: Belege für die zentrale Rolle von Schulleitung

Zur Rolle und Bedeutung von Schulleitung liegen umfangreiche Studien der überwiegend quantitativ ausgerichteten Schulwirksamkeitsforschung vor – vorwiegend aus Nordamerika, Großbritannien, Australien und Neuseeland, aber auch aus den Niederlanden sowie den skandinavischen Ländern. Diese kommen zu dem Ergebnis, dass die pädagogische Steuerung von Schule durch die Schulleitung ein zentraler Faktor für die Qualität einer Schule ist. Die Ergebnisse der Studien zeigen, dass erfolgreiche Schulen über eine professionelle Schulleitung verfügen (dies korreliert in allen Studien signifikant). Eine kritische Übersicht zu relevanten Studien bietet Huber (1999a).

Auch aktuelle Studien zur Schulentwicklung betonen die Relevanz von Schulleitung, besonders im Hinblick auf den angestrebten kontinuierlichen Verbesserungsprozess in einer jeden Schule (vgl. zusammenfassend Huber, 1999b). Es herrscht inzwischen weitgehend Übereinstimmung über die entscheidende Rolle von Schulleitung für die Entwicklung der Einzelschule. Schulleitung wird heute als wesentliches Bindeglied sowohl bei staatlichen Reformmaßnahmen als auch bei schuleigenen Innovationsbemühungen gesehen, wenn es darum geht, Schulverbesserungsprozesse zu initiieren, sie zu unterstützen, zu begleiten und das Erreichte zu institutionalisieren und dadurch Teil der Schulkultur werden zu lassen. Sie wird als verantwortlich dafür beschrieben, dass bei den angestrebten Verbesserungsprozessen der Blick auf die gesamte Schule erhalten bleibt und eine sinnvolle Koordination von Einzelaktivitäten gesichert wird. Darüber hinaus soll sie intraschulische Bedingungen für eine kontinuierliche Weiterbildung und zunehmende Professionalisierung der Lehrkräfte schaffen, also selbst innerschulisches bzw. auf die Einzelschule bezogenes Personalmanagement betreiben. Sie trägt Verantwortung und ist Modell für die Entwicklung einer kooperativen Schulkultur und Teambildung im Kollegium (Hargreaves, 1994). In einer sich wandelnden Umwelt kann sich Schule nicht als Institution verstehen, die einen festgefügten Kanon feststehenden Wissens übermittelt. Sie wird immer mehr zu einer Organisation, die sich kontinuierlich erneuern muss, um auf gegenwärtige und zukünftige Bedürfnisse einzugehen (vgl. Dalin & Rolff, 1990). Dies bedeutet für Schulleitung die Notwendigkeit, sich professionell als Motor und Moderator zu verstehen für die Entwicklung von Schule hin zu einer eigene Reform- und Veränderungskräfte entfaltenden, sich selbstverwaltenden, lernenden Organisation (vgl. u. a. Caldwell & Spinks, 1992; Fullan, 1991). Schulleiter werden also als Schlüsselfiguren in ihren Schulen bezeichnet, mit dem Vermögen, Schulentwicklungsprozesse entscheidend voranzubringen, aber genauso auch zu blockieren; sie gelten als zentrale »Change Agents« (vgl. Fullan, 1991; Schratz, 1998).

Eine Folge dieser oben beschriebenen Entwicklungen und der vorliegenden wissenschaftlichen Erkenntnisse sollte eine Anpassung (oder zumindest Überprüfung) der bisherigen Personalmanagementsysteme für diese Zielgruppe sein. Passen die aktuellen Systeme und Verfahrensweisen der Schulleitungsqualifizierung, -auswahl und -entwicklung zu den veränderten Anforderungen? Leisten sie ihren Beitrag, um gutes Schulleitungspersonal bereitzustellen? Letztendlich können diese Fragen nur empirisch beantwortet werden.

Die nächsten Abschnitte versuchen, ein Bild der aktuellen Forschung und Praxis zu den Themen der Qualifizierung und Auswahl von Schulleitungspersonal zu geben und bereits erfolgte Anpassungen, aber auch noch weitere notwendige Schritte aufzuzeigen.

Qualifizierung von Schulleitungspersonal

Die Forderung nach angemessener Qualifizierung von Schulleitungspersonal lässt sich aus den Ergebnissen der Studien zu Bedeutung von Schulleitung ableiten (vgl. u. a. Wissinger, 1989; Wissinger & Huber, 2002; vgl. Huber, 2003). Erst in jüngerer Zeit wird auch in der Bildungsdiskussion die besondere Verantwortung von Schulleiterinnen und Schulleitern gesehen. National und international ist eine mittlerweile breite Übereinstimmung über die Bedeutung und Notwendigkeit von Qualifizierungsmöglichkeiten für Schulleiterinnen und Schulleiter zu beobachten. Ziel einer Qualifizierung muss sein, Schulleitungspersonal auf seine wichtige Funktion bzw. Schlüsselrolle vorzubereiten und mit den für diese Aufgabe nötigen Kompetenzen (dem entsprechenden Wissen und Verständnis, den Fähigkeiten und Fertigkeiten) »auszustatten«. Mit anderen Worten: Schulleiterinnen und Schulleiter müssen darin unterstützt werden, diese Kompetenzen in einem Maß zu entwickeln, das sie befähigt, ihre jeweilige Schule in einem Umfeld zu leiten und zu führen, das ständigem und raschem gesellschaftlichen, wirtschaftlichen und bildungspolitischen Wandel unterworfen ist, und sie für ihre Schülerinnen und Schüler zu fruchtbaren »Lernorten« werden zu lassen. Dabei muss das Schulleitungshandeln an der Zieltätigkeit von Schule ausgerichtet sein. Diese Zieltätigkeit, nämlich Erziehung und

Unterricht, sollte daher als zentraler Ausgangspunkt und als Messlatte für Schulleitungshandeln angesehen werden. Die Herausforderung für die Qualifizierung besteht darin, hierfür optimale Unterstützung zu bieten. Gegenwärtige Qualifzierungskonzepte müssen vor diesem Hintergrund untersucht und ggf. angepasst werden.

Für die 16 deutschen Bundesländer geben Rosenbusch und Huber (2001) Auskunft über die Ergebnisse einer vergleichenden Analyse der gegenwärtigen Qualifizierungspraxis in Deutschland. Eines der zentralen Ergebnisse der Studie ist neben der Feststellung der Heterogenität der Qualifizierungskonzeptionen die Zielunklarheit der meisten Programme. Es werden zwar nicht selten Schulleitungstätigkeiten mehr oder minder normativ beschreibend festgelegt, aber Begründungen dafür bzw. ein kongruentes Zielsystem pädagogischer Führung fehlen.

Für eine angemessene Professionalisierung ist es wichtig, frühzeitig in der beruflichen Laufbahn anzusetzen. Es mag überraschen, dass es immer noch Bundesländer gibt, die ihr pädagogisches Führungspersonal nur in geringem Ausmaß für diese Aufgabe vorbereiten, eine Anpassung an die Erkenntnisse der besonderen Bedeutung von Schulleitung also noch nicht stattgefunden hat. Der fundamentale Irrtum dabei ist, von einer Kompetenzidentität von Lehrer und Schulleiter auszugehen. Ein guter Lehrer aber ist nicht zwingend ein ausreichend fähiger Schulleiter.

Angesichts der Erkenntnisse einer weiteren Studie, eines internationalen Vergleichs zur Professionalisierung von Schulleitern (Huber, 2003), werden Defizite der Qualifizierung in Deutschland noch deutlicher: Zielgruppe der Qualifizierung sind in mehr als der Hälfte der untersuchten Länder vor allem Lehrkräfte, die sich für eine Schulleitungsposition bewerben wollen, oder designierte Schulleiter noch vor Amtsantritt. Eine solche orientierende und vorbereitende Qualifizierung entspricht weit eher dem Anspruch an Schulleitung als »neuem bzw. eigenständigem« Beruf, der eine angemessene Professionalisierung voraussetzt. Der Zugang zu den Qualifizierungsmaßnahmen wird in einer Reihe von Ländern durch ein Selektions- bzw. Assessment-Verfahren gesteuert. Der Qualifizierung kommt hier eine besonders hohe professionelle Gewichtung zu.

Qualifizierung in den deutschen Bundesländern wird dagegen meist ausschließlich nach der Ernennung in Kursen unterschiedlicher Dauer, zeitlicher Strukturierung, methodischer Umsetzung und mit unterschiedlichen thematischen Schwerpunkten, teils verpflichtend, teils fakultativ durchgeführt. Weiterhin wird die Neudefinition der Führungstätigkeit im Rahmen internationaler Strukturentwicklungen im Bildungsbereich (Dezentralisierung/Deregulierung und Rechenschaftspflicht) in der deutschen Qualifizierung – im Gegensatz zu Maßnahmen anderer Länder – bislang kaum berücksichtigt.

Aus den Ergebnissen der international vergleichenden Untersuchung lassen sich eine Reihe länderübergreifender Trends und Entwicklungstendenzen herausfiltern, wie auf die veränderten Strukturen im Bildungssystem in den Qualifizierungsprogrammen reagiert wurde. Die aktuellen Strömungen stellen teilweise Akzentverlagerungen dar, nehmen manchmal aber auch den Charakter eines Paradigmenwandels an. All diese Entwicklungstrends besitzen für den bundesdeutschen Kontext ein besonderes Anregungspotenzial. Zu ihnen gehören:
- zentrale Qualitätssicherung und dezentrale Durchführung
- neue Formen der Kooperation und Partnerschaften
- Verzahnung von Theorie und Praxis
- Qualifizierung vor Amtsantritt
- umfangreiche Qualifizierungsprogramme
- Mehrphasigkeit und Modularisierung
- Entwicklung der Persönlichkeit statt Anpassung an eine Rolle
- Kommunikation und Kooperation als zentrale Elemente
- von Management und Verwaltung zu Führung und Gestaltung
- Qualifizierung von Schulleitungsteams für Schulentwicklung
- Wissen entwickeln statt Wissen vermitteln
- Erfahrungs- und Anwendungsorientierung
- vom Lernen im »Workshop« zum Lernen am »Workplace«
- explizite Zielsetzungen
- neue Führungskonzeptionen
- Orientierung an der Zieltätigkeit von Schule

Bildungspolitik und Anbieter reagieren inzwischen auf den Bedarf. Zu beobachten ist, dass zunehmend Orientierungs- und Qualifizierungsmaßnahmen für an Leitungspositionen interessierte Lehrkräfte entstehen. Zweifellos kann man festhalten, dass sich aus einer internationalen Perspektive die Qualifizierung von Schulleitungspersonal in den deutschen Bundesländern innerhalb der letzten zehn Jahre insgesamt verbessert hat. Obwohl sich derzeit viele Fortbildungsinstitute daranmachen, ihre Angebote neu zu konzipieren bzw. vorhandene kontinuierlich zu überarbeiten und auszubauen, ist allerdings zu konstatieren, dass oft die notwendigen Ressourcen fehlen, um adäquate Qualifizierungsgänge entwickeln und –»flächendeckend« – umsetzen zu können.

Ergänzt werden die Qualifizierungsangebote zunehmend durch Orientierungsangebote und Programme von Schulleitungsverbänden, Universitäten, kirchlichen Institutionen oder Verlagen. Die positiven Ansätze gilt es weiterzuführen, z. B. Kooperationen auszubauen. Ein Akkreditierungssystem wie in Kanada oder anderen Ländern könnte für Deutschland zahlreiche Anregungen bieten.

Darüber hinaus können konkrete Anregungen für die institutionelle Weiterentwicklung der »Qualifizierungslandschaft« in Deutschland gegeben werden. Auch die Struktur der Qualifizierungslandschaft muss sich dem neuen Verständnis von Schulleitung anpassen.

Zielführend wäre die Gründung einer »Bundesakademie für Führungskräfte im Bildungsbereich« oder einer oder mehrerer »Länderakademien für pädagogische Führungskräfte« oder die Etablierung von Weiterbildungsstudiengängen an universitären Einrichtungen. Drei Szenarien sind hier denkbar: Die Kombination einer zentralen Einrichtung in Form einer »Bundesakademie für Führungskräfte im Bildungsbereich«[1] mit akkreditierten regionalen Einrichtungen, die die Qualifizierung durchführen würde, hätte umfangreiche Vorteile für Wissenschaft und Forschung sowie für die konkrete Konzeptionsarbeit und deren Umsetzung. Forschung und Praxis ließen sich eng verbinden, sodass unter anderem wissenschaftlich fundierte Qualifizierungskonzeptionen entstünden, die dann wieder auf ihre praktische »Tauglichkeit« und Wirksamkeit hin wissenschaftlich überprüft werden würden.

Ein weiteres Szenario wäre, wenn eine oder (nach und nach) mehrere Akademien in Deutschland durch die Kooperation einiger Bundesländer entstünden, die als Einrichtungen (vielleicht auch angegliedert an Universitäten) sowohl Forschung, Beratung und Service wie auch selbst Qualifizierung durchführen. Es würde zur Gründung einer oder mehrerer »Länderakademien für pädagogische Führungskräfte« kommen. Sie würden als Kompetenzzentren für pädagogische Führungskräfte ebenfalls Wissensmanagement für Schulentwicklung und Schulmanagement betreiben und Ansprechpartner für Wissenschaft, Ministerien und Landesinstitute sowie Referenten, Trainer bzw. Moderatoren sein. Die Vorteile eines solchen Kompetenzzentrums liegen in Folgendem:
- Klassisch getrennte Bereiche wie Forschung und Qualifizierung werden verbunden.
- Ein neuer Bereich entsteht aus Synergieeffekten, nämlich Beratung.
- Es entsteht ein Forschungs- und Dienstleistungszentrum für Führungskräfte von Bildungseinrichtungen und Kultusministerien.
- Es wird systematisches, anwendungsbezogenes Wissensmanagement für Qualitätsentwicklung und -sicherung von Bildungseinrichtungen betrieben.
- Der integrative Ansatz bezieht sich auf Wissenschaft und Praxis, auf verschiedene Institutionen, auf Zielgruppen sowie auf relevante Inhalte und v. a. auf innovative Methoden.

---

1 Was eine solche Institution leisten könnte und welche Anregungen für Deutschland aus dieser Diskussion hervorgehen könnten, ist ausführlicher bei Huber (2003) beschrieben.

- Das pädagogische Gesamtkonzept wirkt perspektivenjustierend: Bildungsprozesse stehen im Mittelpunkt.
- Erfahrungen und Angebote werden gebündelt (das Rad muss nicht immer neu erfunden, aber das Know-how muss gebündelt werden, es bedarf einer Vernetzung).
- Internationaler Know-how-Austausch fördert die Qualitäts- und Quantitätssteigerung.

Ein drittes Szenario der Professionalisierung von Schulleitung in Deutschland ergäbe sich, wenn eine bunte »Qualifizierungslandschaft« entstünde, wo es an den verschiedenen Universitäten (v. a. an solchen mit Lehramtsstudiengängen) ordentliche Weiterbildungsstudiengänge mit einem entsprechenden akademischen Abschluss gibt, beispielsweise in »Schulentwicklung und Schulmanagement« oder »Bildungsforschung und Bildungsmanagement«. Universitäten würden also klassische Weiterbildungsstudiengänge für pädagogische Führungskräfte entwickeln und anbieten, wie wir sie aus anderen Bereichen bereits an den Universitäten kennen. Auch könnten sich Hochschulen um einer »Kräfte- bzw. Ressourcenbündelung« wegen zusammenschließen.

Natürlich sind die skizzierten landesspezifischen Kompetenzzentren als eine Mischform von Szenario II und III denkbar, wo einzelne Universitäten in Kooperation mit dem Fortbildungsinstitut des jeweiligen Landes ihr Know-how einbringen. Freie Anbieter könnten auch stärker versuchen, sich auf dem entstehenden Markt »Schulleitung« zu positionieren, jedoch müssen hier erwartete Gewinnerzielungsabsichten eher bescheiden ausfallen.

Die gegenwärtigen Veränderungen erfordern eine Optimierung der Qualifizierungspraxis. Eine verbesserte Qualifizierungspraxis ist aber lediglich eine Seite der Medaille der Professionalisierung. Eine Spezialisierung für den Beruf des Schulleiters muss ebenfalls mit einer kompetenzbezogenen Steuerung des Berufs- bzw. Positionszugangs durch systematische Personalauswahl einhergehen.

Auswahl von Schulleitungspersonal

Die Prozesse der Auswahl von Schulleitungspersonal sind gerade vor dem Hintergrund der besonderen Bedeutung der steigenden Anforderungen relevant. Hinzu kommen weitere Umstände, die die Relevanz einer sach- und anforderungsgerechten Auswahl stärken:

Die Wirksamkeit einer Qualifizierung ist unter anderem stark beeinflusst durch die Ausprägung bestimmter Eigenschaften der zu qualifizierenden Person (Persönlichkeit, Intelligenz, Vorwissen etc.). Dies gilt insbesondere für Kompetenzen, die über reines Fachwissen hinausgehen, wie die von

Wine und Smye (1981) angeführten, wenn auch nicht unproblematisch benannten »sozialen Kompetenzen«, verschiedene Handlungskompetenzen (Oesterreich, 1981) sowie bestimmte Einstellungen, Haltungen und Motive (vgl. ausführlicher von Rosenstiel, 2000; Sarges, 2000). Da einer Förderung von motivationalen Grundhaltungen enge Grenzen gesetzt sind und die Förderung von Kompetenzen durch Training aufwendig und zeitintensiv ist, unterstreichen die genannten Umstände die Notwendigkeit der Auswahl von Personen, die bereits von Beginn den Anforderungen des Berufsbildes nahekommen.

Die Ernennung zum Schulleiter ist aufgrund des Beamtenrechts in der Regel nicht reversibel. Der oder die Ernannte übt folglich diese Aufgabe gewöhnlich bis zur Pensionierung aus. Eine »Fehlauswahl« wirkt sich demzufolge jahrzehntelang aus und beinhaltet die Konsequenz, dass Ressourcen nicht optimal verwendet wurden. Bei der Besetzung von Stellen berufsrelevante Motive und Fähigkeiten über das Fachwissen hinaus zu berücksichtigen würde Fehlbesetzungen zu minimieren helfen.

Schulleiter haben weiterhin in Deutschland bislang einen geringen Einfluss auf die Einstellung von Mitarbeitern, keinen auf deren Besoldung und meist keine direkte Weisungsbefugnis.

Anders als Führungskräfte in Unternehmen der Wirtschaft stehen Schulleitern zur Ausübung ihrer Leitungs- und Führungsaufgaben keine harten Führungsinstrumente (wie Besoldung, Entlassung etc.) und damit nahezu ausschließlich solche Führungsmittel zur Verfügung, die im erhöhten Maß von der Ausprägung persönlicher Kompetenzen abhängig sind, welche für die erfolgreiche Gestaltung der vielfältigen Kommunikations- und Kooperationserfordernisse und für die Entwicklung einer förderlichen »Schulkultur« notwendig sind (König, 1991). Hier sind Personen gefordert, deren Selbstverständnis und Aufgabenverständnis den Gestaltungs- und Führungsaufgaben, die mit der Position einhergehen, gerecht werden.

Der Status quo: Die Auswahl und Ernennung des Schulleiters liegt in der Verantwortung der einzelnen deutschen Bundesländer. Die Abteilungen der Kultusministerien und der weiteren Schulaufsichtsbehörden sind nicht nur für den Auswahl- und Ernennungsprozess zuständig, sondern auch an der Erstellung der Auswahlverfahren beteiligt. Schulleiter sind in allen deutschen Bundesländern verbeamtet. Bei der Beförderung gelten demzufolge die Vorschriften der Beamtengesetze und der Laufbahnverordnungen. Die rechtlichen Rahmenbedingungen für die Auswahl von Schulleitern sind in allen Bundesländern durch die Schulgesetzgebung definiert. Aufgrund der bildungspolitisch föderalen Struktur der Bundesrepublik Deutschland trifft man im Bereich der Schulleiterauswahl auf eine starke Heterogenität. In einigen Bundesländern werden die Behörden allerdings bei der Auswahl von eigenen Landesinstituten, dem Berufsverband oder auch Beratern der privaten Wirtschaft unterstützt.

Eine Sondierungsstudie von Knorr (2002) zum Stand der Schulleitungsauswahl in den deutschen Bundesländern, in der die Kultus- bzw. Schulministerien befragt wurden, ergab, dass in allen Bundesländern Einigkeit darüber besteht, dass jeweils die Besten für ein zur Verfügung stehendes Schulleiteramt ausgewählt werden sollen. Studien, die diesen Anspruch bzw. die Praxis der Personalauswahl von Schulleitung überprüfen, gibt es bislang in Deutschland eigentlich nicht. Hopes diagnostizierte bereits 1983 einen Mangel an zielführenden Auswahlkriterien, vor allem die Schwerpunktsetzung von den auf die Überprüfung reiner Unterrichtstätigkeiten ausgerichteten Verfahren. Auch wenn diese Studie bereits einige Zeit zurückliegt, so lässt sich ihre Kritik durchaus noch zu einem Großteil auf die aktuelle Auswahlpraxis beziehen (vgl. z.B. Holtappels, 1991). Bockmeyer (1998) führt im »Länderbericht Deutschland« ebenfalls an, dass die Methoden zur Auswahl von Schulleitern als reformbedürftig angesehen werden müssen. So orientierten sich Auswahlkriterien trotz hoher Anforderungen an Schulleiter hinsichtlich Kompetenzen, die für den großen Anteil an Kommunikations- und Gestaltungsaufgaben notwendig sind, noch immer überwiegend an den reinen Fachkenntnissen sowie der Verwaltungserfahrung der Bewerber. Auch hinsichtlich der Methodik werde der größte Teil der Schulleiter nach Aktenlage und sporadisch eingesetzten, kaum strukturierten Auswahlgesprächen ausgewählt. Die Ergebnisse der Sondierung von Knorr (2002) gehen in eine ähnliche Richtung.

Zwar gibt es auch in Deutschland erste Hinweise auf Bemühungen, die Personalauswahl von Schulleitung zu optimieren. Seit einigen Jahren wird in den Ländern Niedersachsen, Hessen und Schleswig-Holstein eine deutliche Umgestaltung der Struktur der Schulleiterauswahl im Hinblick auf die Methodenwahl angestrebt (vgl. Hoffmann, 2003; Denecke, Simon & Wiethaup, 2005; http://www.modelle.bildung.hessen.de). Insbesondere zeichnen sich diese Neukonzeptionen durch eine Verknüpfung von Personalplanung, -entwicklung und -auswahl aus, indem im Anschluss an Qualifizierungsmaßnahmen unterschiedliche Potenzialanalyseverfahren und/oder Assessment-Center-Elemente zur Anwendung kommen (für Bayern siehe Schmidt, 2005). Eine systematische, an den veränderten Aufgaben und den damit verbundenen Kompetenzen orientierte rekurrierende Auswahl aber wird in den meisten deutschen Bundesländern bisher nicht verfolgt.

Vor diesem Hintergrund sind systematische Vergleiche mit anderen Ländern dazu, welches Methodenspektrum für eine Auswahl pädagogischen Führungspersonals eingesetzt wird, aufschlussreich. Eine erste internationale Sondierungsrecherche (Huber, Gniechwitz & Hiltmann, in Druck) deutet darauf hin, dass das in der Wirtschaft weit verbreitete Assessment-Center-Verfahren auch vermehrt Verwendung für die Auswahl zur Besetzung von Schulleitungspositionen findet (beispielsweise in den USA, in

England, den Niederlanden und Österreich). In einigen Ländern liegen auch Erkenntnisse aus Evaluations- und Validierungsstudien vor. In den USA hat die National Association of Secondary School Principals (NASSP) ihre bereits seit den frühen 80er-Jahren entwickelten Assessment-Center-Verfahren kontinuierlich wissenschaftlich überprüfen lassen (beispielsweise Schmitt, Meritt, Fitzgerald & Noe, 1982; Schmitt & Cohen, 1990). Die Ergebnisse konnten die Vorhersagekraft des Assessment-Centers für die spätere Leistung von Schulleitern bestätigen. Wenn auch nicht primär aus wissenschaftlichem Interesse, sondern aufgrund von Debatten um politische Einflussnahme auf Verfahren der Schulleiterauswahl, stimulierte in Österreich die 2002 verabschiedete »Charta für eine objektive Personalauswahl im Schulbereich« die Überarbeitung von Auswahlverfahren für Schulleitungspersonal und empfiehlt eine anschließende Evaluation der neu gestalteten Verfahren. Fast alle Bundesländer Österreichs folgten dieser Charta. Eine erste Evaluationsstudie zur Qualität des Auswahlverfahrens in Niederösterreich von Brandstätter und Riedl (2006) kommt zu dem Ergebnis, »dass sich das hier berichtete Auswahlverfahren für Schuldirektoren als diagnostisch befriedigend valide und bildungsökonomisch nützlich erwiesen hat« (S. 21). Jedoch merken die Autoren auch an, dass das Verfahren einen »Kompromiss zwischen psychologischen und berufspolitischen Erwägungen« (S. 21) darstellt, und geben Hinweise, wie die Validität des Verfahrens ihrer Ansicht nach vermutlich noch deutlich gesteigert werden könnte.

Insgesamt mangelt es noch an wissenschaftlich gesicherten Erkenntnissen über angemessene Auswahlmodalitäten und -kriterien für pädagogisches Führungspersonal. Insbesondere in Deutschland wurden bislang keine Evaluierungen durchgeführt. Somit ist momentan unklar, ob die gegenwärtigen Verfahren in Deutschland eine Auswahl der geeigneten Personen vor dem Hintergrund des sich wandelnden Berufsbilds von Schulleitung angemessen unterstützen. Die Forschung muss hier ihren Beitrag leisten. Hinweise auf den Nutzen von Auswahlverfahren für Führungskräfte (und somit auch für Schulleiterinnen und Schulleiter) gibt die psychologische Forschung aus dem Feld der Managementdiagnostik (Sarges, 2000), wonach eine systematische Auswahl für die Vorhersage des späteren beruflichen Erfolgs von zentraler Bedeutung ist bzw. für eine Minimalisierung von Fehlentscheidungen nachweislich förderlich ist. Wesentliche Erkenntnis ist, dass insbesondere mit einem breit abgesicherten Methodenmix zuverlässig prognostische Resultate erzielt werden können (vgl. Hossiep, 2000). Vor diesem Hintergrund erscheint eine Untersuchung der Anwendbarkeit entsprechender Verfahren und ihrer Prognosckraft für die Auswahl von Schulleitern lohnenswert.

Fazit und Ausblick

Vor dem Hintergrund der aktuellen Veränderungen in Fragen der Steuerung im Bildungssystem ist die Bedeutung von Schulleitungshandeln für die Qualität und Entwicklung von Schulen einerseits und die Relevanz einer Professionalisierung von Schulleitungspersonal andererseits wissenschaftlich gut gestützt.

Die Professionalisierung von Schulleitung sollte sich in drei wesentlichen Handlungsfeldern des Personalmanagements niederschlagen: in einer qualifizierten Ausbildung für dieses Amt, einer den Anforderungen gerechten Auswahl sowie in Maßnahmen der Weiterqualifizierung bzw. in einer systematischen Personalentwicklung. In diesem Beitrag wurde über den gegenwärtigen Stand und über bereits begonnene und ausstehende Entwicklungen in zwei dieser Handlungsfelder des Personalmanagements von Schulleitungspersonal (nämlich Qualifizierung und Auswahl) berichtet.

Angesichts der Relevanz von Schulleitung und der sich wandelnden Anforderungen ist eine entsprechende Qualifizierung hinsichtlich Quantität und Qualität der Aus-, Fort- und Weiterbildung des Leitungspersonals von großer Bedeutung. Bemühungen in Richtung einer Anpassung der gängigen Qualifizierungspraxis sind in den deutschen Bundesländern zwar zunehmend anzutreffen, aber noch nicht zufrieden stellend umgesetzt.

Darüber hinaus ist relevant, überhaupt geeignete Personen für diese Führungsaufgaben zu gewinnen und auszuwählen. Über den Leistungsstand der gegenwärtigen Verfahren zur Auswahl von Schulleitungspersonal kann bisher so gut wie nichts gesagt werden. Es ist festzustellen, dass – außer unserer eigenen Sondierungsuntersuchung – keine auch nur deskriptiv vergleichende Untersuchung zu unterschiedlichen Auswahlverfahren für Schulleiterinnen und Schulleiter vorliegt und dass vor allem notwendige Validitätsstudien in Deutschland gänzlich fehlen.

Was ist in nächster Zukunft wissenschaftlich zu leisten und was ist von bildungspolitischer Relevanz?

Sinnvoll wäre die Durchführung von Tätigkeits-, Anforderungs- und Belastungsstudien bzw. Bedarfsanalysen, um festzustellen, wo die gegenwärtigen Bedürfnisse von schon länger amtierenden Schulleiterinnen und Schulleitern bzw. von sich bewerbenden und neu ernannten Schulleitern liegen (auch aus »externer« Sicht durch Lehrkräfte, Schulaufsicht, Elternvertreter etc.).

Nötig wäre auch die Durchführung von weiteren international vergleichenden Studien, um die Leistungskraft von Auswahlverfahren und Qualifizierungsprogrammen vor dem Hintergrund aktueller und künftiger Anforderungen an Schulleitung zu untersuchen.

Hilfreich wäre die Bildung von nationalen und internationalen Netzwerken für Schulleitungsfragen und Fragen der Auswahl und Qualifizierung sowie – und davon könnte eine richtige Schubkraft ausgehen – die Schaffung einer zentralen Einrichtung für die Bundesländer oder zumindest von Kompetenzzentren, die sowohl wissenschaftlich als auch praktisch die verschiedenen Erfahrungen und Forschungsergebnisse bündeln, wirkungsvolles Wissensmanagement betreiben und Impulse für Innovationen geben: Forschung, Wissensmanagement, Wissenstransfer mit Beratung und Service sowie Qualifizierung sollten die Aufgabenbereiche sein.

Literatur

Brockmeyer, R. (1998). Länderbericht Deutschland. In A. Dobart (Hrsg.), *Schulleitung und Schulaufsicht: Neue Rollen und Aufgaben im Schulwesen einer dynamischen und offenen Gesellschaft*. Innsbruck: StudienVerlag.

Bullock, A. & Thomas, H. (1997). *Schools at the centre? A study of decentralisation*. London: Routledge.

Caldwell, B.J. & Spinks, J.M. (1992). *Leading the self-managing school*. London: Falmer Press.

Dalin, P. & Rolff, H.G. (1990). *Das Institutionelle Schulentwicklungsprogramm*. Soest: Soester Verlag-Kontor.

Denecke, F., Simon, R. & Wiethaup, U. (2005). Führung in Schule und Wirtschaft. Qualifizierung von Schulleitungen in Kooperation mit der Wirtschaft. In: *Schul-Management, 36*, 22-25.

Eurydice. (2000). http://www.eurydice.org/Eurybase/Application/eurybase.htm

Fullan, M. (1991). *The new meaning of educational change*. London: Cassell.

Hargreaves, D.H. (1994). The new professionalism: The synthesis of professional and institutional development. *Teaching and Teacher Education, 10(4)*, 423-438.

Hoffmann, E. (2003). Schulleiterin oder Schulleiter als Beruf Teil II: Auswahl und Qualifizierung. Ergebnisse des niedersächsischen Projekts »Arbeitsplatz Schulleitung«. In: *Schulverwaltung. Ausgabe Niedersachsen und Schleswig-Holstein, 13(2)*, 53-55.

Holtappels, H.J. (1991). *Die Schulleitung. Ein wertender Vergleich zwischen den Bundesländern*. Essen: Verlag für Wirtschaft und Verwaltung Hubert Wingen.

Hopes, C.W. (1983). *Kriterien, Verfahren und Methoden der Auswahl von Schulleitern am Beispiel des Landes Hessen – ein Beitrag zur Begründung der Relevanz von Schulleiterausbildung*. Inaugural-Dissertation zur Erlangung des Grades eines Doktors der Philosophie im Fachbereich Erziehungswissenschaft der Johann Wolfgang Goethe-Universität zu Frankfurt am Main.

Hossiep, R. (2000). Konsequenzen aus neueren Erkenntnissen zur Potentialbeurteilung. In L. v. Rosenstiel & T. Lang-von Wins (Hrsg.), *Perspektiven der Potentialbeurteilung* (S. 75-105). Göttingen: Hogrefe.

Huber, S.G. (1999a). School Effectiveness: Was macht Schule wirksam? Internationale Schulentwicklungsforschung (I). *Schul-Management, 2*, 10-17.

Huber, S.G. (1999b). School Improvement: Wie kann Schule verbessert werden? Internationale Schulentwicklungsforschung (II). *Schul-Management, 3*, 7-18.

Huber, S. G. (2003). *Qualifizierung von Schulleiterinnen und Schulleitern im internationalen Vergleich: Eine Untersuchung in 15 Ländern zur Professionalisierung von pädagogischen Führungskräften für Schulen. In der Reihe Wissen & Praxis Bildungsmanagement.* Kronach: Wolters Kluwer.

Huber, S. G., Gniechwitz, S. & Hiltmann, M. (in Druck). Auswahl von Schulleiterinnen und Schulleitern. Ergebnisse einer Sondierungsrecherche in 15 Ländern. Bildungsmanagement, Band 11.

Knorr, A. (2002). *Auswahl von Schulleiterinnen und Schulleitern in den deutschen Bundesländern.* Unveröffentliche Diplomarbeit, Universität Bamberg.

Knorr, A. (2004). Personalauswahl. Unterschiedliche Verfahren in den Bundesländern. *Schul-Management, 35(1),* S. 30-32.

König, E. (1991). Kooperation: Pädagogische Perspektiven für Schulen. In J. Wissinger & H. S. Rosenbusch (Hrsg.), *Motivation durch Kooperation. Schulleiter-Handbuch* (Bd. 58, S. 7-17). Braunschweig.

Niermann, W. (1999). Qualifizierung und Auswahl von Schulleiterinnen und Schulleitern. *Pädagogische Führung, 10(4),* 175-179.

Oesterreich, R. (1981). *Handlungsregulation und Kontrolle.* München: Urban & Schwarzenberg.

Rosenbusch, H. S. & Huber, S. G. (2001). Qualifizierungsmaßnahmen von Schulleiterinnen und Schulleitern in den Ländern der Bundesrepublik Deutschland. *Schul-Management, 4,* 8-16.

Rosenstiel, L. von (Hrsg.). (2000). *Perspektiven der Potentialbeurteilung.* Göttingen: Verlag für Angewandte Psychologie.

Sarges, W. (Hrsg.) (2000). *Management-Diagnostik.* Göttingen: Hogrefe.

Schmitt, N., Meritt, R., Fitzgerald, M.P., & Noe, R.A. (1982). The NASSP assessment center: A validity report. *National Association of Secondary School Principals Bulletin, 66,* 134-142.

Schmitt, N. & Cohen, S.A. (1990). Criterion-related validity of the assessment center for selection of school administrators. *Journal of Personnel Evaluation in Education, 3,* 203-212.

Scholz, C. (1994). *Personalmanagement: Informationsorientierte und verhaltenstheoretische Grundlagen.* Wiesbaden: Gabler.

Schratz, M. (1998). Schulleitung als change agent: Vom Verwalten zum Gestalten von Schule. In H. Altrichter, W. Schley & M. Schratz (Hrsg.), *Handbuch zur Schulentwicklung* (S. 160-189). Innsbruck: StudienVerlag.

Wine, J.D. & Smye, M.D. (1981). *Social competence.* New York: The Guildford Press.

Wissinger, J. (1989). Die Bedeutung des Schulleiters für die Organisationsentwicklung der Schule. *Schul-Management, 20(5),* 32-39.

Wissinger, J. & Huber, S.G. (Hrsg.). (2002). *Schulleitung – Forschung und Qualifizierung.* Opladen: Leske & Budrich.

Umstrukturierungen gemeinsam gestalten – Erfolgsfaktoren der Zusammenarbeit zwischen Management und Betriebsräten in Zeiten des Wandels

Dr. Herbert Schaaff

1. T-Systems – Die Geschäftskundensparte der Deutschen Telekom

T-Systems ist die Geschäftskundensparte der Deutschen Telekom und bietet wie kein anderes Unternehmen die gesamte Palette der Informations- und Kommunikationstechnik aus einer Hand. Auf Basis des umfassenden Know-hows aus diesen beiden Welten entwickelt T-Systems integrierte ICT-Lösungen (ICT = Information and Communication Technology) und ist damit einer der Innovationstreiber der Branche. Im Geschäftsjahr 2005 erzielte das Unternehmen einen Umsatz von 12,9 Milliarden Euro und beschäftigte Ende 2006 in 23 Ländern 58.000 Mitarbeiter.

T-Systems betreut weltweit 160.000 Geschäftskunden – von multinationalen Konzernen bis hin zu kleinen und mittelständischen Unternehmen. Für die Großkunden entwickelt und betreibt der Dienstleister Infrastruktur- und Branchenlösungen, bietet international Outsourcing und übernimmt ganze Geschäftsprozesse (Business Process Outsourcing) wie etwa die Gehaltsabrechnung. T-Systems ist auch der zentrale Zulieferer bei der satellitengestützten Erhebung der Maut in Deutschland. Das Angebot für den Mittelstand reicht von kostengünstigen Standardprodukten über Hochleistungsnetze auf Basis des Internet-Protokolls (IP) bis hin zur Entwicklung kompletter Informations- und Kommunikationslösungen. Diese integrierten Lösungen bringen den Kunden entscheidende Vorteile im globalen Wettbewerb: Sie machen die Unternehmen flexibler und schneller – und das bei geringeren Kosten.

2. T-Systems Enterprise Services: Geschäftseinheit für die größten Kunden der Deutschen Telekom

Geschäftskunden haben je nach Größe unterschiedliche Problemstellungen und Anforderungen. Entsprechend gliedert sich T-Systems in zwei Geschäftseinheiten: »Business Services« ist für die rund 160.000 großen und mittelständischen Geschäftskunden zuständig. Die Geschäftseinheit »Enterprise Services« betreut 60 multinationale Konzerne sowie große Institutionen. Im Mittelpunkt stehen dabei die Branchen Telekommunikation, öffentlicher Sektor und Automobilindustrie.

So unterstützt T-Systems in der Telekommunikationsbranche die Deutsche Telekom und ihre internationalen Tochterunternehmen weltweit. Im öffentlichen Sektor setzen nicht nur deutsche Verwaltungen aus Bund, Ländern und Gemeinden auf T-Systems, sondern beispielsweise auch die Stadtverwaltung von Mallorca oder die Finanzbehörde in Madrid. In der Automobilbranche gehören sowohl globale Hersteller wie DaimlerChrysler und VW als auch Zulieferer und Händler zu den Kunden.

Die Struktur von Enterprise Services

Enterprise Services setzt sich aus drei Geschäftseinheiten zusammen:

1. Systems Integration beliefert Kunden branchenspezifisch mit einheitlichen Prozessen, Methoden und Tools.

2. Der Bereich IT Operations ist gewissermaßen die IT-Fabrik von T-Systems und stellt den Kunden Arbeitsplatzsysteme, Rechenzentrumsleistungen und Outsourcingangebote bereit. Aktuell betreibt T-Systems Enterprise Services etwa für seine Kunden mehr als 1,4 Millionen Desktop-Rechner und 32 Data Center weltweit mit über 2,1 Petabyte Speicherkapazität. Das Unternehmen ist zudem größter Anwender von eCRM-Systemen in Europa. Das Sales & Service Management schließlich ist die Vertriebseinheit von T-Systems Enterprise Services und damit die zentrale Schnittstelle zu den Kunden.

3. Das Unternehmen Detecon schließlich erbringt Leistungen in der Management- und Technologieberatung und rundet so das Gesamtportfolio von T-Systems Enterprise Services ab. Rund ein Drittel der heute weltweit knapp 42.000 Beschäftigten von Enterprise Services arbeitet bereits außerhalb Deutschlands.

---

3. Personalarbeit: Herausforderungen in Zeiten des Wandels

T-Systems hat das Ziel, bis zum Jahr 2010 über alle Großkundensegmente hinweg unter die Top 3 in Europa zu kommen und Marktführer für den Mittelstand in Deutschland zu werden. Gleichzeitig bewegt sich das Unternehmen in einem äußerst dynamischen und von hartem Wettbewerb gekennzeichneten Markt. Daraus ergeben sich aktuell besondere Herausforderungen:

a) Das Unternehmen muss seine Produktivität weiter erhöhen und neue Märkte erschließen, um langfristig erfolgreich zu sein.
b) Neues Wachstumspotenzial liegt vor allem im Ausland. Bis 2010 soll daher der Anteil der außerhalb Deutschlands erzielten Umsätze von heute 18 auf 30 Prozent steigen.
c) Gleichzeitig baut T-Systems Enterprise Services zur Senkung der durchschnittlichen Herstellungskosten und zur nachhaltigen Sicherung der Wettbewerbsfähigkeit auch seinen Personalbestand um.
d) Das Unternehmen setzt – wie alle relevanten Wettbewerber – auf Nearshore- und Offshore-Konzepte, um den Kunden weiterhin wettbewerbsfähige Preise bieten zu können.

Das alles hat Folgen für den Personalbestand: Einem signifikanten Personalabbau im Inland steht der Aufbau zusätzlicher Stellen im Ausland gegenüber. Insgesamt werden sich also die Anteile von Mitarbeitern im In- und Ausland stark verschieben. Es liegt auf der Hand: Um in dieser Situation eine stabile, einheitliche Unternehmenskultur zu sichern, muss der Veränderungsprozess von Human Resources auf vielfältige Weise begleitet werden.

In kaum einer Branche ist die Halbwertszeit von Wissen so kurz wie in der IT-Branche. T-Systems Enterprise Services investiert daher konsequent und sehr intensiv in die Entwicklung von erfolgskritischen Fähigkeiten und Kompetenzen der Beschäftigten. Denn hervorragend ausgebildete und motivierte Mitarbeiterinnen und Mitarbeiter sind die Voraussetzung dafür, dass T-Systems auf Dauer Erfolg hat.

Restrukturierung, Offshoring[1] und *Personalentwicklung* sind also aktuell die wesentlichen Herausforderungen für Human Resources von T-Systems Enterprise Services. Und es sind gleichzeitig auch allesamt Kernthemen der betrieblichen und unternehmerischen Mitbestimmung. Insbesondere Maßnahmen der Restrukturierung oder die Verlagerung von Arbeitsplätzen ins Ausland stehen dabei im Mittelpunkt des öffentlichen Interesses und betreffen die Substanz der Beschäftigungsverhältnisse. Hier sind die Sozialpartner gefordert, effizient zusammenzuarbeiten, um am Ende einen erfolgreichen Ausgleich der unterschiedlichen Interessen herbeizuführen. Erfolgreiches Sozialpartnermanagement, hier verstanden als effektive, konstruktive und vertrauliche Zusammenarbeit zwischen Arbeitgeber und Betriebsrat, ist daher die Grundlage für den Erfolg der HR-Arbeit in Zeiten des Wandels.

---

1 Unter Offshoring wird eine Form der Verlagerung unternehmerischer Funktionen und Prozesse in weit entfernte Länder verstanden (Abgrenzung zum Nearshoring – Verlagerung in benachbarte Länder). Dabei muss die Verlagerung nicht in ein ausländisches Fremdunternehmen, sondern kann auch in ein ausländisches Tochterunternehmen erfolgen (Abgrenzung zum Outsourcing).

4. Sozialpartnermanagement: Faktoren für den Erfolg

Im Rahmen seiner HR-Strategie hat T-Systems Enterprise Services verschiedene Erfolgsfaktoren für ein effektives und effizientes Sozialpartnermanagement identifiziert:

- eine an die Besonderheiten des Geschäfts angepasste Betriebsratsstruktur,
- eine Kultur der Unternehmensmitbestimmung,
- die Fähigkeit, unterschiedliche Themen zeitgleich zu bearbeiten.

4.1 Business-adäquate Betriebsratsstrukturen

T-Systems Enterprise Services ist ein modernes Dienstleistungsunternehmen mit einer Vielzahl von Standorten in Deutschland und in 22 weiteren Ländern. Die einzelnen Organisationseinheiten der T-Systems Enterprise Services sind standortübergreifend aufgestellt. Das Geschäft unterliegt ständigen vom Marktumfeld induzierten Veränderungen, die organisatorische und prozessuale Umstrukturierungen notwendig machen. Zudem ist das Geschäft auch in besonderem Maße durch anorganisches Wachstum geprägt. Das anorganische Wachstum resultiert aus Unternehmens-, Betriebs- und Teilbetriebsübernahmen in die T-Systems Enterprise Services (Übernahme der IT-Abteilungen von Unternehmen bzw. IT-Gesellschaften von Konzernen). Hierdurch müssen neue Mitarbeiter und Konditionen in das Unternehmen eingegliedert werden. Um vor diesem Hintergrund eine effiziente und effektive betriebliche Mitbestimmung zu sichern, hat T-Systems Enterprise Services eine Betriebsratsstruktur, die sich zum einen flexibel an Strukturveränderungen anpassen kann und die zum anderen aufnahmefähig ist für anorganisches Wachstum.

Diese Struktur hat sich T-Systems Enterprise Services über einen Zuordnungs- und Mitbestimmungstarifvertrag gemäß § 3 BetrVG gegeben. Dieser Tarifvertrag umfasst im Wesentlichen:

a) *Die Bildung von Regionalbetriebsräten auf örtlicher Ebene abweichend von dem Betriebsbegriff des § 1 BetrVG*
Je Region ist ein Regionalbetriebsrat organisations- und standortübergreifend zuständig. Diese Regionalbetriebsräte dienen der Stabilität bei Umorganisationen und Insourcing und geben den Arbeitnehmervertretungen im Interesse der Beschäftigten ein solides Fundament. Das Regionalprinzip macht die örtlichen Betriebsratsgremien weitgehend unabhängig von Änderungen der Organisations- und Betriebsstruktur. Sie ermöglicht eine übergangslose Aufnahme von Mitarbeitern in die vor-

handene Betriebsratsstruktur bei Betriebsübergängen/Verschmelzungen.

b) *Die Bildung von so genannten Bereichsvertretungen für organisatorische Einheiten*
Die Bereichsvertretung stellt ein abschlussfähiges Betriebsratsgremium auf Ebene des Gesamtbetriebsrats Enterprise Services dar. Sie wird auf Managementebene für die Organisationseinheiten gebildet, die einen zentralen Leistungsapparat insbesondere auch in personellen Angelegenheiten haben und so in der Regel dem Betriebsbegriff des BetrVG entsprechen. In die Bereichsvertretung entsenden die regionalen Betriebsräte, in deren Region die Organisationseinheit vertreten ist. Mit diesem an der Businessstruktur orientierten Gremium steht dem Management ein direkter Ansprechpartner zur Verfügung, mit dem einheitliche Regelungen für die Beschäftigten der gesamten Organisationseinheit deutschlandweit verhandelt werden können. Gleichzeitig haben die Beschäftigten eine Vertretung auf der Ebene des für sie unmittelbar zuständigen Managements.

c) *Die Bildung von zwei Betriebsräten*:
ein Gesamtbetriebsrat (GBR ES) auf Unternehmensebene (T-Systems Enterprise Services GmbH) und ein Konzernbetriebsrat (KBR T-Systems) auf Konzernebene (T-Systems Enterprise Services GmbH und T-Systems Business Services GmbH).

4.2 Unternehmensmitbestimmungskultur

Wesentliche Voraussetzung für eine flexible und kurzfristig handlungsfähige Organisation ist die von Arbeitgeber- und Betriebsratsseite getragene Mitbestimmungskultur. Basis dafür ist eine vertrauensvolle Zusammenarbeit und eine gute Qualifizierung der Betriebsräte:

a) *Vertrauensvolle Zusammenarbeit*
Die Zusammenarbeit mit dem Sozialpartner sollte geprägt sein durch gegenseitige Wertschätzung, sachliche Auseinandersetzung und eine konstruktive Kompromissbereitschaft im Sinne des Ausgleichs zwischen Beschäftigten- und Unternehmensinteressen. Dazu gehört, dass die Arbeitgeber sich offen zeigen gegenüber dem Anliegen und den Alternativvorschlägen der Betriebsräte und sie (insbesondere die Wirtschaftsausschüsse) frühzeitig in Planungen einbeziehen.
Wichtig ist ferner eine freiwillige Zusammenarbeit über die bloßen Anforderungen des BetrVG hinaus – etwa bei Rahmeninteressenausglei-

chen, bei freiwillig eingerichteten Kommissionen zur Umsetzung und Begleitung von Organisationsmaßnahmen oder bei Qualifizierungszirkeln, die den Qualifizierungsbedarf der Mitarbeiter ermitteln.

b) *Qualifizierte Betriebsräte*
Als Teil der Mitbestimmungskultur ist es sinnvoll, Betriebsräte so zu qualifizieren, dass sie konstruktiv an den unternehmerischen Planungen und der Umsetzung von Maßnahmen mitwirken können. Dazu gehören etwa Fortbildungen zu den aktuellen Themen und Herausforderungen im Unternehmen (Beispiel: Beratung bei Konfliktgesprächen). Ein zurückhaltender Umgang mit dem gesetzlichen Schulungsanspruch der Betriebräte gemäß § 37 BetrVG ist bei einem Unternehmen mit der Größe von T-Systems nicht sinnvoll.

4.2.1 Aufmerksamkeit durch das Management

Für eine gelebte Mitbestimmung ist es entscheidend, dass das Sozialpartnermanagement von Seiten der Arbeitgeber nicht als ausschließliches HR-Thema begriffen, sondern vom Management insgesamt wahrgenommen wird.
T-Systems erreicht dies, indem Geschäftsführungsmitglieder und Vertreter der Fachseiten regelmäßig in das Sozialpartnermanagement eingebunden werden. So treten CEO, CFO und andere Geschäftsführungsmitglieder auf Betriebsratskonferenzen, auf Sitzungen des KBR und des GBR, zum Teil bei Monatsgesprächen der Betriebsräte sowie auf Betriebsversammlungen besonders wichtiger Standorte auf. Zu besonders relevanten und kritischen Themen wie z. B. dem Personalumbau stehen Geschäftsführungsmitglieder auch in Intranet-Live-Chats den Mitarbeitern und Betriebsräten Rede und Antwort.

4.2.2 Kommunikation und Informationspolitik

Einen hohen Stellenwert nimmt bei T-Systems die Kommunikation gegenüber den Betriebsräten und Mitarbeitern ein. Betriebsräte werden nach Möglichkeit frühzeitig in die Planungen des Arbeitgebers einbezogen und nicht vor vollendete Tatsachen gestellt. Denn eine rechtzeitige und umfassende Information der Betriebsräte ist wesentlicher Bestandteil einer jeden Mitbestimmungskultur und beugt Missverständnissen und Blockadehaltungen vor. So sollten die Mitarbeiter auch bei Zeitdruck immer erst nach vorheriger Unterrichtung und Erörterung mit den zuständigen Betriebsratsgremien informiert werden. Dies trägt in hohem Maße zu einer zügigen und reibungslosen Umsetzung betrieblicher Maßnahmen bei. Darüber hinaus ergänzt ein regelmäßiger »Jour fixe« zwischen Spitzenvertretern der Betriebsräte und der Geschäftsführung die auf den Sozialpartner ausgerichtete Informationspolitik bei T-Systems.

4.3 Fähigkeit, unterschiedliche Themen zeitgleich zu bearbeiten

Der hohe Veränderungsdruck der Branche bringt die Herausforderung mit sich, ständig verschiedene Themen mit dem Sozialpartner zeitgleich abarbeiten zu müssen, ohne dass dies zu Blockade oder Stillstand führt. Da alle Ebenen der BR-Gremien nach Zuständigkeit rechtzeitig einbezogen und beteiligt werden müssen, ist von den Arbeitgeber- und von den Betriebsratsvertretern eine gute Koordination sowie ein hohes Maß an Überzeugungsarbeit gefragt. Die Einrichtung von Ausschüssen und Arbeitsgruppen auf BR-Seite trägt dazu bei, die Prozesse zu beschleunigen (z. B. Arbeitsgruppe Compensation & Benefits des GBR ES für Konditionenthemen; IT-Arbeitskreise auf GBR- und KBR-Ebene; Arbeitsgruppe PE des GBR ES).

5. Erfolgreiches Sozialpartnermanagement in der Praxis

Der Praxistest zeigt es: Das von T-Systems Enterprise Services eingeführte Sozialpartnermanagement hat Erfolg, und zwar bei den unterschiedlichsten Themen. Drei Beispiele:

5.1 Business Transformation Program (BTP)

Das BTP ist ein Programm in der Service Line Systems Integration (SL SI) bei T-Systems Enterprise Services. Damit betrifft es eine Organisationseinheit mit rund 10.000 inländischen Mitarbeitern. Das BTP hat eine komplette Neuorganisation des Bereichs zur Folge, die jeden einzelnen der 10.000 Mitarbeiter erfasst. Im Rahmen des BTP sollen zudem bis 2008 rund 3.500 Mitarbeiter abgebaut werden. Demgegenüber steht ein Personalaufbau von rund 1.000 Mitarbeitern mit Spezial-Skillprofilen. Ein Standortkonzept sieht außerdem eine Konsolidierung auf wesentliche Regionalstandorte in Deutschland vor.

Der Beteiligungsprozess der Betriebsräte an diesem Großvorhaben

a) Ende 2005: erste Unterrichtung des Wirtschaftsausschusses (GBR ES) unmittelbar nach Bekanntgabe der Personalumbauzahlen

b) Februar 2006: Beginn der Informationsphase (GBR ES) und Festlegung des Prozesses für die Beratungs- und Verhandlungsphase

c) April 2006: Angebot an den GBR ES, den Mitarbeitern ein freiwilliges Abfindungsprogramm gemeinsam per Gesamtbetriebsvereinbarung anzubieten

d) April 2006: Abschluss einer freiwilligen Regelungsabrede mit dem GBR ES zur Verfahrensweise bei Trennungsgesprächen (Inhalt: vorherige Mitteilung an regionale BRe, welche Mitarbeiter angesprochen werden; Beteiligung des GBR ES am Monitoring; Ablauf von Trennungsgesprächen und Teilnahme des regionalen BR an diesen Gesprächen sowie Einrichtung einer neutralen Beschwerdestelle)

e) April 2006-Dezember 2006: Durchführung von Interessenausgleich- und Sozialplan-Verhandlungen: monatlich zwei bis drei Termine mit der Verhandlungskommission des GBR ES, Abstimmung eines Verfahrens zur Personalisierung der Neuorganisation (Zuordnungsworkshops unter Beteiligung der regionalen BRe), Durchführung von Regionalworkshops mit den regionalen BRen zur Diskussion der Standortkonzepte, Einsetzung von gemischten Expertenteams zur Beratung der Organisationsstruktur, parallele Verhandlungen zu einem Skill- und Ressourcenmanagement

f) Planung für 2007/2008: Begleitung der Neuorganisation durch eine Umsetzungskommission aus Arbeitgeber- und BR-Vertretern, Einrichtung von paritätischen Kommissionen zur Schlichtung von Streitigkeiten in personellen Einzelfällen, halbjährliche Erörterung der Personalüberhänge anhand von Kennzahlen in einem Gremium aus Arbeitgeber- und GBR ES-Vertretern

Durch diese Art von Sozialpartnermanagement wird sichergestellt, dass ein umfangreiches Vorhaben wie der Umbau der SL SI in enger Zusammenarbeit mit den Betriebsräten und unter Wahrung der Interessen der Beschäftigten umgesetzt wird. Das Vorgehen hat für den Arbeitgeber den Vorteil, dass die Notwendigkeit des Umbaus bei den Mitarbeitern und Betriebsräten eher verstanden und unterstützt wird, wenn diese das Gefühl haben, dass Arbeitnehmervertreter bei allen wesentlichen Schritten involviert waren und künftig sein werden. Dies erfordert eine vorausschauende Planung und insbesondere die Berücksichtigung des Faktors Zeit für die notwendigen Verhandlungen und Beteiligungen der Betriebsräte.

5.2 gedas-Integration

Ende 2005 hat die T-Systems Enterprise Services GmbH die VW-IT-Tochter »gedas« übernommen. Das Unternehmen und seine Sozialpartner sind im Gegensatz zu T-Systems (ver.di) durch die IGM/IGBCE geprägt.

Einbindung der Sozialpartner:

a) Quartal 2006: Gründung eines informellen Arbeitskreises bestehend aus gedas-BR-, T-Systems-BR- sowie HR-Vertretern von gedas und T-Systems

b) Ab 1. Quartal 2006: Information der T-Systems-BR-Gremien (europäischer BR, GBR ES, Bereichsvertretungen)

c) Beteiligung der gedas-BRe an Integrationsmaßnahmen, wie etwa dem »Welcome Breakfast« oder den Strategieworkshops »Leading in Change«

d) Einräumung eines Gaststatus für Vertreter des gedas-KBR/-GBR im KBR T-Systems und weiteren Gremien

e) Beteiligung von gedas-BR-Vertretern an den Interessenausgleichsverhandlungen zur Neuorganisation der Service Line Systems Integration (SL SI)

f) Beteiligung von gedas-BR-Vertretern an den Zuordnungsworkshops zur Personalisierung in der SL SI

g) Teilnahme von Mitgliedern der Geschäftsführung der T-Systems an BR-Versammlungen von gedas

h) Regelmäßige Teilnahme von Mitgliedern der T-Systems-Geschäftsführung an Betriebsversammlungen

i) September-Dezember 2006: Interessenausgleichsverhandlungen zur Integration der gedas-Gesellschaften in die T-Systems Enterprise Services GmbH (insbesondere: Integration in SL SI)

Betriebsräte sollten möglichst frühzeitig informiert und an der Gestaltung der Integrationsmaßnahmen beteiligt werden. Dies ermöglicht eine weitgehend reibungslose und konstruktive Zusammenarbeit. Die Zeitpläne des Arbeitgebers können so eingehalten werden.

5.3 Qualifizierungsinitiative »Powered by People«

Damit die Entwicklung der Mitarbeiter bei der rasanten Entwicklung unserer Märkte mithält, starteten T-Systems und der Konzernbetriebsrat im Sommer 2005 eine Qualifizierungsinitiative. Die Sozialpartner haben damit unterstrichen, dass die Leistungsfähigkeit von T-Systems eng mit dem Wissen und Können der Mitarbeiterinnen und Mitarbeiter verknüpft ist. Denn: T-Systems ist »Powered by People« – so der Titel der Initiative. Die Vernetzung des Wissens und die anforderungsbezogene Weiterqualifizierung unserer Mitarbeiterinnen und Mitarbeiter ist einer der entscheidenden Schlüsselfaktoren für unsere Wettbewerbsfähigkeit.

Die Personalentwicklung von T-Systems Enterprise Services hatte vor der Initiative in konstruktiver und vertrauensvoller Kooperation mit dem Sozialpartner schon viel erreicht: Das Mitarbeiterentwicklungsgespräch – der so genannte »3D dialog« – ist im Unternehmen als innovatives und tragfähiges Gespräch zwischen Vorgesetztem und Mitarbeiter fest etabliert. Qualifizierungsprogramme unterstützen die Beschäftigten. In einem Projekt, bei dem Betriebsräte aktiv beteiligt waren, ist etwa das IT-Weiterbildungssystem für die Spezialistenprofile auf T-Systems zugeschnitten worden.

Mitte 2005 wurden in der Initiative »Powered by People« weitere Maßnahmen vereinbart und bereits auf den Weg gebracht:

a) Qualifizierungszirkel
In Qualifizierungs- und Entwicklungsprogrammen für alle Mitarbeiterinnen und Mitarbeiter sollten die strategisch relevanten Kompetenzen stärker integriert werden. Um dies zu unterstützen, wurde auf der Ebene der T-Systems Enterprise Services eine Beratungsplattform (»Qualifizierungszirkel«) etabliert. Diese Runden von Management und Arbeitnehmervertretern dienen der Beratung zur strategischen Qualifizierung und den erforderlichen Kompetenzen und sollen die Ableitung von Entwicklungsprogrammen erleichtern. Auf Unternehmensebene fand der Qualifizierungszirkel bisher zweimal statt, auf nachgeordneten Ebenen folgten inzwischen über 80 Qualifizierungszirkel.

b) Fachkarrieren
Ein wichtiges Element für Orientierung und Motivation der Mitarbeiterinnen und Mitarbeiter ist die Klarheit über horizontale und vertikale Entwicklungsmöglichkeiten. Dazu hat T-Systems Fachkarrieren eingerichtet. Sie sind – über die klassischen Management-Entwicklungspfade hinaus – eigenständige, fachbezogene Entwicklungswege für Experten und Spezialisten. Die Fachkarriere ist in allen Einheiten einge-

führt. Die Profile bilden die Basis für eine zielgerichtete und transparente Entwicklungsplanung der Mitarbeiter in den Schlüsselfunktionsfeldern von T-Systems. Geeignete Programme zu deren Förderung und Weiterentwicklung sind in der Planung. Hierbei werden auch alternative Qualifizierungswege herangezogen, insbesondere die IT-Weiterbildung. Spezifische Qualifizierungsprogramme (Campus) bilden die Basis für die Entwicklung in den Fachkarrieren. Hier nahmen bisher über 7.000 Mitarbeiter aus den Schlüsselfunktionsfeldern Projektmanagement, Service Management/Delivery Management, Sales, IT und Consulting teil.

c) *Personalentwicklungskonferenzen*
Die kontinuierliche und anforderungsbezogene Weiterentwicklung der Beschäftigten versetzt diese in die Lage, aktuelle Aufgaben und neue Anforderungen mit hoher Professionalität und Produktivität zu meistern. Gleichzeitig muss sie auch auf die langfristigen beruflichen Perspektiven des Einzelnen ausgerichtet sein. Die »Bildung von Wissenskapital« als Investition des Unternehmens einerseits und die dauerhafte »Beschäftigungsfähigkeit« des Einzelnen sind eng verzahnt. Unternehmen und Mitarbeiterinnen und Mitarbeiter tragen deshalb gleichermaßen Verantwortung. Ausdruck dieser gemeinsamen Verantwortung und der vertrauensvollen Zusammenarbeit sind die Personalentwicklungskonferenzen. In diesen Konferenzen informieren sich Mitarbeiter aus der Personalentwicklung, HR-Mitarbeiter, Führungskräfte und Betriebsräte über aktuelle Tendenzen der Personalentwicklung und diskutieren deren Auswirkungen.

T-Systems Enterprise Services entwickelt eine Qualifizierungs- und Lernkultur, die gleichermaßen die Belange des Unternehmens und die Bedürfnisse der Mitarbeiterinnen und Mitarbeiter berücksichtigt. Im Sinne von T-Spirit, den Unternehmenswerten des Telekom-Konzerns, ist sie offen, honoriert Leistung, fördert die Vernetzung auch über Einheiten hinweg und stärkt die Eigenverantwortung. Zugleich ist sie von Gedanken des lebenslangen Lernens, von Chancengleichheit, Wertschätzung und Respekt vor der Unterschiedlichkeit der Mitarbeiterinnen und Mitarbeiter getragen. Innovative Lernformen und Möglichkeiten, individuell erworbenes Wissen an Kolleginnen und Kollegen weiterzugeben, werden gezielt einbezogen. Das Selbstverständnis von T-Systems Enterprise Services als »lernende Organisation« ist damit wichtiger Teil der Kultur.

6. Vertrauensvolle Zusammenarbeit – Garant für den Aufbau einer konstruktiven Mitbestimmungskultur

Gerade in Zeiten, in denen ein Unternehmen vor großen Umbrüchen und wirtschaftlich schwierigen Entscheidungen steht, ist die vertrauensvolle Zusammenarbeit von Management und Sozialpartnern entscheidend für den Erfolg. Vertrauensvolle Zusammenarbeit entsteht durch Kontinuität und verlässliche Strukturen. Durchgängige Prozesse zur Information und Diskussion bilden die Grundlagen der Mitbestimmungsarbeit. Durch das Sozialpartnermanagement ist bei T-Systems eine Mitbestimmungskultur entstanden, die es möglich macht, selbst bei großer Unterschiedlichkeit von Interessen und gegensätzlichen Standpunkten gemeinsame und tragfähige Lösungen zum Wohl und Nutzen für das Unternehmen und die Beschäftigten zu finden.

Unternehmer im Unternehmen – besondere Karrierewege in Zeiten der Veränderung

Kerstin Koch

Zusammenfassung

Aus der derzeitigen Geschäftsstrategie der Bayer MaterialScience AG ergibt sich aktuell und künftig ein Bedarf an Mitarbeitern, die in der Lage sind, Geschäftsführungen von kleineren Tochtergesellschaften zu übernehmen. Diese Mitarbeiter sollen identifiziert und entwickelt werden. Einen Vorstoß in diese Richtung bietet ein Event, die »Entrepreneur Days«, zu denen sich interne Bewerber konzernweit melden können, um mehr über Unternehmertum und eigene Qualitäten zu lernen, und währenddessen ein Managementteam die Möglichkeit hat, Potenzialträger für diesen Karriereweg zu sichten.

Entstehen und Notwendigkeit von interner Geschäftsführung

Umstrukturierungen in internationalen Unternehmen sind eher die Regel als Ausnahme – trotz guter Gewinnlage. Dafür gibt es vielfältige Gründe, wie z.b. Kosteneffizienzprogramme, Weiterentwicklungen wie die Integrationen anderer Geschäftsbereiche durch Fusionen und Outsourcing, um nur einige Beispiele zu nennen. In einigen Fällen entstehen dadurch Tochtergesellschaften, die an den Mutterkonzern berichten, aber hinsichtlich Kostenstruktur und Funktionsweise schlanker und flexibler aufgestellt sind. Sie tragen ein höheres Risiko als traditionelle Großunternehmen, weil ihre Existenz schneller rückgeführt werden kann und Veräußerungen unkomplizierter sind. Im Bereich Personalmanagement haben diese Entwicklungen nicht nur Konsequenzen für Systeme (z.B. Datenbanken, Inzentivierung etc.) und Richtlinien (z.B. Auslandsentsendungen, Dienstfahrzeuge etc.), sondern stellen auch andere Anforderungen an die Personen, die in einem solchen Tochterunternehmen arbeiten. Insbesondere kommt den Geschäftsführern dieser kleinen Unternehmen eine Schlüsselrolle zu, denn sie sind in der Regel das Bindeglied zwischen beiden Organisationen und Organisationskulturen.

Bayer MaterialScience

Bayer MaterialScience ist einer von den drei Teilkonzernen unter dem Dach der Bayer Holding mit derzeit ca. 16.000 Mitarbeitern weltweit und repräsentiert die Kunststoffsparte des Konzerns. In den vergangenen Jahren wurde eine Business-Unit-Organisation geschaffen, die hochwertige Materialien herstellt und vertreibt. Durch die fortschreitende Kommoditisierung der Kernprodukte ergab sich die Notwendigkeit der Vorwärtsintegration auf der Basis klassischer Produkte auf der einen Seite und der strategischen Erschließung neuer Geschäftsmöglichkeiten durch Innovationen auf der anderen Seite.

Vorwärtsintegrationen werden in der Regel durch Zukauf kleiner Unternehmen gehandhabt, in denen die Kernprodukte auf spezifische Kundenbedürfnisse zurechtgeschnitten produziert und vermarktet werden können. Dieser Ansatz stellt eine große Veränderung gegenüber der vorherigen Vertriebsstrategie dar. Die kleinen, wendigen Tochtergesellschaften firmieren unter dem Markennamen und stellen mit bewährtem Know-how maßgeschneiderte Materialien her. Einige haben gerade mehr als zwanzig Mitarbeiter und der Firmensitz ist weit von den normalen Bayer-Produktionsstandorten entfernt, weil die Unternehmen durch Zukauf erworben wurden.

Innovationsprojekte und daraus entstehende Geschäftsmöglichkeiten werden im Rahmen eines definierten, mehrstufigen Prozesses systematisch auf Marktpotenzial und Investitionsvolumen geprüft und in einen Businessplan überführt. Ist der entstandene Businessplan durch das Aufsichtsgremium des Prozesses und durch Vorstände verabschiedet worden, kommt es zur Gründung eines internen oder externen Start-ups (Bsp. Lyttron Technology GmbH). Innovationsprojekte, die diesem Prozess der Prüfung nicht standhalten, werden entweder an externe Parteien veräußert oder nicht mehr weiterverfolgt. Auch dieser Prozess stellt eine paradigmatische Änderung zu den bereits vorhanden Innovationsprozessen dar. Es gab auch in der Vergangenheit Ausgründungen aus dem Konzern, insbesondere wenn neue Innovationen nicht komplett in das Produktportfolio passten oder Joint Ventures sinnvoll erschienen. Besonders hervorzuheben an diesem Prozess ist allerdings das systematische und strategische Vorgehen im Bereich Innovation, das auf den Aufbau externer Start-ups oder interner Abteilungen und die konsequente Vermarktung oder Aufgabe des Projektes zielt.

Auf der Personalseite zeigen beide Prozesse – der Zukauf eines existierenden Unternehmens zur Vorwärtsintegration sowie die Gründung eines neuen Geschäftes aus einem Innovationsprojekt – die Notwendigkeit auf, neue Wege zu beschreiten. Wenn das Geschäft durch Zukauf erweitert wird, dann ist in der Regel die Belegschaft originär aus der erworbenen Gesellschaft und es gibt einen Know-how-Austausch mit dem Stammhaus. Im Wesentlichen bleiben jedoch die vorhanden Personalprozesse unabhängig vom Stammhaus. Die Unternehmen sind selten so standardisiert, wie ein großer Konzern es sein muss, wenn es um Prozesse und Richtlinien geht. Flexibilität ist wichtig und die Strukturen wie Abläufe werden nach Bedarf zeitnah den Geschäftsentwicklungen angepasst. Das betrifft sämtliche Prozesse angefangen von Arbeitszeitregelungen bis hin zu Entscheidungswegen.

Bei Start-ups sind die Anforderungen an HR andere, denn für den Aufbau eines Geschäfts werden nicht nur Konzernwissen und -Know-how über noch weitgehend unbekannte Produkte und deren Produktion gebraucht, sondern auch Mitarbeiter, die in der Lage sind, ein Geschäft aufzubauen, bei dem es zum Teil nicht möglich ist, auf vorhandene Bayer-Ressourcen zurückzugreifen. Gerade in diesen Bereichen gibt es noch keine breite Erfahrungsbasis über die neuen Produkte. Selbst die Kunden können dabei durchaus andere sein, das Geschäft muss nicht am Laufen gehalten werden, sondern erst völlig neu erschlossen werden. Dabei ist das Risiko, dass Start-up-Unternehmen geschlossen oder veräußert werden, statistisch gesehen hoch (vgl. Allbach, 1998).

Aus diesen Beispielen geht hervor, dass die Anforderungen an Geschäftsführer kleinerer Gesellschaften deutlich andere sind als an einen mittleren Manager in einem Konzern. Es ergibt sich die Herausforderung, diese erfolgskritischen Positionen sinnvoll zu besetzen.

Anforderungen an Geschäftsführer

Der Blick auf herkömmliche Talent Pools, die im Konzern für verschiedene Funktionen aufgebaut werden, brachte mangels geeigneter Geschäftsführungskandidaten zutage, dass sich das Profil eines Geschäftsführers für ein kleines Unternehmen offenbar von dem Profil eines erfolgreichen Managers in einem Großkonzern unterscheidet. Dieser Unterschied ist in der Literatur hinlänglich bekannt (vgl. Lang-von Wins, 2003). Auf eine theoriegeleitete Modellierung wurde in diesem Fall bewusst verzichtet und stattdessen die interne Erwartungshaltung an diese Rolle im Unternehmen diskutiert:

Der erfolgreiche Manager im Konzern wurde wahrgenommen als ein Kandidat, der in der Lage ist, die Komplexität eines großen Unternehmens zu verstehen und sinnvoll zu nutzen – jemand, der sich den Gepflogenheiten im sozialen Miteinander der Konzernwelt anpasst und mit vorhandenen

Ressourcen erfolgreich einen funktionalen Ausschnitt dieses Systems managt. Dieser Typus Manager mag auf den ersten Blick vielleicht als wenig flexibel und dafür zu formalisiert oder spezialisiert erscheinen, ist aber absolut notwendig in Anbetracht der Komplexität und Arbeitsteiligkeit eines Konzerns. Wo Komplexität wegen der Unternehmensgröße durch Richtlinien und Standardisierung gesteuert wird, ist die Kombination aus Anpassungsfähigkeit und Agilität innerhalb von Strukturen bis zu einem gewissen Grad unabdingbar[1]. Auch die Anpassungsfähigkeit an Gepflogenheiten ist nicht negativ zu werten: Wo Entscheidungsprozesse unter Einbeziehung sämtlicher Experten in Managementgremien über den Rand des eigenen Teilkonzerns hinweg ablaufen, ist der kreative wie diplomatische Umgang mit Gepflogenheiten im komplexen System eine Schlüsselkompetenz, die wichtig ist für den Erfolg oder Misserfolg einer Strategie und die Geschwindigkeit von deren Umsetzung.

Insbesondere im Rahmen der Start-up-Gründungen wurde das Profil für Geschäftsführer kleiner Unternehmen intensiv diskutiert und festgelegt. Zusammengefasst sollte es sich um eine stark durchsetzungsfähige Persönlichkeit, durchaus mit Ecken und Kanten, handeln, die sowohl einen enorm ausgeprägten Geschäftssinn wie Generalistentum und »Hemdsärmeligkeit« in sich zu vereinen vermag. Denn Arbeitsteiligkeit und Delegation haben in Unternehmen mit wenigen personellen Ressourcen einen anderen Stellenwert. Erwünscht ist auch weniger die Kenntnis und das Ausnutzen komplexer vorhandener Strukturen als der Aufbau von alternativen, flexibleren Prozessen, die ein schnelleres Entscheiden und Agieren ermöglichen. Ebenfalls ein wichtiger Faktor ist die Risikofreude, denn Erfolg und Misserfolg können nicht nur eindeutig zurückgeführt werden, sondern auch zur Schließung oder Veräußerung der Tochtergesellschaft führen und damit erhebliche persönliche Konsequenzen haben, auch wenn die finanzielle Investition[2] selbst nicht aus dem persönlichen Besitzstand des Geschäftsführers, sondern vom Konzern getätigt worden ist. Entscheidungsfähigkeit bei Unsicherheit und Improvisation sind ebenso wichtige Kompetenzen, die sich insbesondere strukturell aus stark verkürzten Strukturen ergeben. Entscheidungen werden von weniger Leuten getroffen und Abstimmung gibt

---

1 Selbstverständlich wird auch in der Bayer-Gruppe mit Zielvereinbarungen gesteuert. Dennoch spielen Richtlinien und Standardisierung eine wichtige Rolle in der Unternehmenskultur, denn durch die Verarbeitung von Gefahrstoffen ergibt sich die Notwendigkeit von starren Sicherheitsbestimmungen, die nicht nur von den Produktionsmitarbeitern beherrscht werden müssen, sondern ebenso für Mitarbeiter in Administration und Marketing lebenswichtig sein können. Dieser Umstand prägt auch andere Prozesse in Bereichen abseits der Arbeitssicherheit.
2 Auf Beteiligungen im Sinne einer Eigeninvestition durch die Geschäftsführung der Tochtergesellschaften wurde in der Bayer-Gruppe komplett verzichtet, da die Rechtsprechung im Falle von Veräußerung und Haftung nicht eindeutig ist.

es nur noch mit dem Aufsichtsgremium der Gesellschaft durch Zielverhandlungen. Kenntnisse der Konzernstrukturen sind dennoch bis zu einem gewissen Grad unabdingbar, denn zum Teil ergibt sich die Zusammenarbeit mit Experten innerhalb des Konzernverbundes aus rechtlichen Verpflichtungen[3].

In der Literatur ist dieser Typus näher charakterisiert unter einem Stichwort: Entrepreneur[4]. Wie jedoch die vorangegangene Typisierung veranschaulicht, findet sich diese Art Mitarbeiter nicht zwingend im Kontext eines Großkonzerns wieder und derartige Verhaltensweisen werden auch nicht unbedingt gefördert.

Entwicklung von alternativen Karrierewegen

Jeder Großkonzern hat eine Fülle verschiedener Mitarbeiter und lebt davon, auch wenig angepasste Angestellte in gewissem Ausmaß zu beschäftigen. Aus dem Anspruch heraus, interne Kandidaten auf künftige Geschäftsführungen oder als Nachfolger für aktive Geschäftsführer zu entwickeln, mussten einige grundsätzliche Fragen beantwortet werden:

1. Wie findet man Kandidaten mit Geschäftsführerpotenzial, die bereits im Konzern sind und in der Regel nicht dauerhaft oder nur in bestimmte Teile des Konzerns passen? – Letztlich geht es um Mitarbeiter, die nicht immer einfach zu führen sind und oft ihr Heil extern suchen dürften.
2. Welche internen Manager sollten Auswahlentscheidungen treffen? Diese Frage ist unter anderem deshalb wichtig, weil bei Zukäufen die investierende Business Unit die Entscheidung tragen muss und damit die Akzeptanz eines Kandidaten vorhanden sein muss. Dennoch haben diese Manager in der Regel keine eigenen Erfahrungen mit dieser Rolle gemacht.
3. Wenn Kandidaten mit entsprechendem Potenzial gefunden werden: Welche Entwicklungsmaßnahmen müssen getroffen werden, damit aus Potenzial Reife entsteht?

---

3 Als Beispiel sei hier nur auf den Sarbanes-Oxley Act verwiesen, der für ausländische Unternehmen, die an der New York Stock Exchange gelistet sind, bestimmte Abfragen und Prozessimplikationen hat.
4 Die Begriffe »Entrepreneur« und »Unternehmer« werden in diesem Text austauschbar verwendet. In der Literatur wird der Begriff »Entrepreneur« präferiert verwandt, u. a. deshalb, weil die bessere Übersetzbarkeit in andere Sprachen zur Begriffsprägung beigetragen hat (vgl. Malek, Ibach & Ahlers, 2004; Lang-von Wins, 2003). Da es sich bei dem vorliegenden Text um einen Praxisbericht handelt, wird an dieser Stelle pragmatisch auf näheres Eingehen auf den Diskurs um die Begrifflichkeit verzichtet.

Zielsetzungen und Konzept der »Entrepreneur Days«

Aus diesen Fragestellungen ist ein Instrument namens »Entrepreneur Days« entstanden. Zielsetzung war es, einen internen und globalen Pool von Kandidaten mit Geschäftsführerpotenzial aufzubauen und gleichzeitig eine Entwicklungsmaßnahme für diese Kandidaten zu schaffen. Die Option, ein Assessment-Center zu diesem Zwecke aufzubauen, wurde schnell verworfen, da weder angenommen werden konnte, dass genügend geeignete Kandidaten in der Grundpopulation vorhanden waren, noch konnte ein konkretes Stellenprofil hinterlegt werden, da ein Pool von Kandidaten für verschiedene Geschäftsführungen aufgebaut werden sollte (zum Einsatz der Assessment-Center-Methode siehe auch Wottawa & Hossiep, 1987).

Das Prinzip der Selbstselektion zur Findung von Kandidaten

Eine der Annahmen aus der Profildiskussion für Geschäftsführer war, dass sich diese Personen improvisiert Wege suchen, um Entscheidungen herbeizuführen und ihre Ziele zu erreichen (vgl. auch Malek, Ibach & Ahlers, 2004). Diese Annahme wurde als erster Filter für die Selektion verwandt, denn das Grundprinzip war die Selbstnominierung der Kandidaten. Hier wurde erwartet, dass dieser Schritt für die meisten Führungskräfte mit Konzernhintergrund zu gewagt war.

In den drei Konzernregionen Americas, Asia Pacific (APAC) und Europe, Middle East and Africa (EMEA) wurde die Veranstaltung zur Bewerbung aus Eigeninitiative unter der Schirmherrschaft des Vorstandes ausgeschrieben. Die Ausschreibungsmodalitäten wurden den regionalen HR-Managern überlassen, um die Zielgruppe möglichst im Rahmen der lokalen Gegebenheiten zu adressieren.[5]

Durch den Prozess wurde sichergestellt, dass die Kandidaten selbst der Meinung waren, das »Zeug zum Geschäftsführer« zu haben und dies durch den Schritt der Selbstbewerbung auch zeigten. Gleichzeitig wurde den Beteiligten kommuniziert, dass Entscheidungsträger des Konzerns und interne wie (Bayer-)externe Geschäftsführer als Gesprächspartner anwesend sein würden und ein Kennenlernen anstünde. Die Veranstaltungssprache war

---

5 Hierbei wurden interessante interkulturelle Aspekte sichtbar: Da die Veranstaltung in letzter Konsequenz zu einer Stellenbesetzung führen könnte, musste die Veranstaltung in den USA als Stellenausschreibung erfolgen. In Asien musste die Kommunikation mündlich top-down erfolgen, da das Hierarchie-Bewusstsein in einigen Ländern ausgeprägter ist; bzw. eine Form der Bewerbung am Vorgesetzten vorbei als illoyal wahrgenommen wurde. In EMEA reichte ein Artikel im Intranet, um eine ausreichend große Bewerberanzahl zu erhalten.

Englisch und jede schriftliche Kommunikation darüber war ebenfalls in englischer Sprache verfasst. Weiter wurden alle Kosten zentral übernommen, da es keine Selektion über den Vorgesetzten und dessen Budget geben sollte.

Für die Regionen, in denen es zu viele Bewerber gab, wurden jeweils auf lokaler Ebene adäquate Selektionsprozesse durchgeführt, die den lokalen rechtlichen wie diagnostischen Standards entsprachen.

Tatsächlich meldeten sich konzernweit nur 25 Kandidaten. Man könnte sicher darüber diskutieren, inwieweit man intensiveres Marketing hätte betreiben sollen, aber dennoch ist die geringe Anzahl derjenigen, die sich auf dieses für die eigene Abteilung kostenfreie Angebot auf eine Entwicklungschance gemeldet haben, bezeichnend. Die Ausschreibungen in den Regionen NAFTA und EMEA waren teilkonzernübergreifend und zugänglich für alle Bayer-Mitarbeiter[6]. Hier zeigte sich bereits, wie verschieden die Zielgruppe der Veranstaltung von der Mehrheit der Mitarbeiter im Konzern sein würde.

Beteiligte Managementteams

Die Runde der beteiligten Manager wurde bewusst heterogen aus Entscheidungsträgern, die in der Regel in den Managementteams der Business Units personelle Besetzungen mitentscheiden, HR und aktiven Geschäftsführern zusammengestellt. Gastgeber und Schirmherr der Veranstaltung war der Vorstand für Marketing und Innovation.

Die bereits aktiven Geschäftsführer von Beteiligungsgesellschaften des Konzerns waren unabdingbar für den Screening-Prozess, da sie den Abgleich mit dem Geschäftsführeralltag in das Verfahren bringen konnten und damit wichtig für die Validität des Verfahrens waren, denn hier wurde ein neuer Typ Mitarbeiter gesucht, wobei die Entscheidungsträger auf einen klassischen Konzernhintergrund zurückblickten und primär lediglich eine Außenwahrnehmung von Tochtergesellschaften hatten.

Screening und Entwicklung in einem Instrument

Die Entrepreneur Days sollten von der Zielsetzung beides sein: Screening und Entwicklung. Dieser Anspruch ist sehr hoch für eine eineinhalbtägige

---

6 Vier Mitarbeiter waren nicht aus dem Teilkonzern, von dem der Aufruf ausging, sondern aus anderen Teilbereichen der Bayer-Gruppe.

Veranstaltung und daher sind verschiedene Module beim Konzept der Veranstaltung entstanden, bei denen jeweils einer der beiden Schwerpunkte im Vordergrund steht. Insgesamt kann das Thema »Entwicklung« durch die Veranstaltung primär als Anstoß verstanden werden, der durch künftiges Mentoring und Anbieten weiterer Möglichkeiten am Anfang eines Prozesses steht. Daher sind folgende Module für die Veranstaltung entwickelt worden:

- Kennenlernen von Teilnehmern und Management durch Selbstpräsentationen, in denen die Teilnehmer begründen mussten, was sie zu einer »Entrepreneur«-Persönlichkeit macht;
- Vorstellung der Unternehmensbereiche durch einen aktiven Geschäftsführer, in denen Beteiligungsgesellschaften zugekauft und gegründet wurden. Dieses Modul sollte für die Teilnehmer den Effekt haben, dass sie aus erster Hand von der Arbeit als Geschäftsführer im Konzern wie auch von künftigen Vakanzen erfahren sollten;
- Auseinandersetzung mit einer Fallstudie mit verschiedenen Aufgabenteilen wie Elevator-Story[7], Gruppenarbeiten zu SWOT-Analyse[8] und Investorenkonferenz. Die Fallstudie wurde zusammen mit Geschäftsführern aus der Praxis entwickelt und mit Angehörigen des mittleren Managements getestet;
- Podiumsdiskussion mit externen Geschäftsführern, um sich dem Selbstverständnis und der Persönlichkeit von Entrepreneuren zu nähern;
- Karriereberatung durch einen der anwesenden Entscheidungsträger.

Die Veranstaltung war ausgelegt für zwölf Kandidaten. Insgesamt sechs Entscheidungsträger und drei aktive Geschäftsführer waren am Screening beteiligt.

Ergebnisfindung

Während der Selbstpräsentationen und der Fallstudienarbeiten wurden die Teilnehmer beobachtet und die Beobachter nach klassischer Assessment-Center-Manier rotiert. Beobachtungen wurden notiert und im Rahmen einer Beobachterkonferenz allen Managern zur Verfügung gestellt.

---

7 Eine häufige Aufgabe aus dem Alltag der aktiven Geschäftsführer war die kurze, prägnante Vorstellung der Geschäftsidee, um Zugang zu internen und externen Interessengruppen zu erhalten. Daraus wurde als Übung die sogenannte »Elevator Story«, in der die Teilnehmer in zwei Minuten den unter Zeitknappheit gelesenen Businessplan einem Investorenkreis aus Entscheidungsträgern vorstellen musste.
8 »SWOT« steht für Strenghts, Weaknesses, Opportunities und Threads und ist ein gängiges Analyseinstrument, um einen Business Case zu bewerten (vgl. Hartenstein, Billing, & Schawel, 2006).

Die Kandidaten wurden in Gruppen eingeordnet, bei denen eine Gruppe die Teilnehmer enthielt, bei denen man aktuelles oder künftiges Geschäftsführerpotenzial festgestellt hatte, und die andere Gruppe aus solchen Teilnehmern bestand, deren Potenzial sich auf andere Unternehmensbereiche bezog. Inhalte des Beratungsgesprächs wurden skizziert, auch wenn es darum ging, Kandidaten, in denen man keine Geschäftsführerqualitäten sah, ebenfalls zu fördern und Maßnahmen aus Managementsicht vorzuschlagen.

Insgesamt wurden vier Kandidaten gefunden, in denen man Potenzial für eine Geschäftsführerposition gesehen hatte.

Karriereberatungsgespräch als Kernstück des Entwicklungsaspekts

Wichtig für das Konzept der Entrepreneur Days war die Maßgabe, dass es keine Verlierer in dem Prozess gab. Den Mut der Teilnehmer, sich selbst zu bewerben und ihre Karriereplanung proaktiv in die Hand zu nehmen, wollte man nicht bestrafen. Das Prinzip Selbstverantwortung sollte gestärkt werden.

Daher war die individuelle Karriereberatung durch die anwesenden Top-Manager ein wichtiger Bestandteil der Veranstaltung, in dem es nicht nur um Feedback aus Selbstpräsentation und Fallstudie, sondern um mögliche Weiterentwicklung ging. Entsprechend war es nicht nur Inhalt, eine Entscheidung mitzuteilen, sondern mit dem Kandidaten zusammen Perspektiven zu fördern. Der Anspruch, gezielt Unternehmerpersönlichkeiten zu entwickeln, ist in dieser Deutlichkeit zuvor nicht formuliert worden, und es wurde als umso wichtiger erachtet, im Dialog mögliche nächste Schritte gemeinsam zu definieren und den Vorgesetzten entsprechend einzubinden, um sich dem Thema zu nähern.

Von der Struktur betrachtet ist eine Karriere als Entrepreneur zwar strategisch wichtig, aber eher ein Ausnahmefall. Gegenüber den Teilnehmern, die nicht in den Entrepreneur-Pool aufgenommen wurden, war es entsprechend wichtig zu kommunizieren, dass andere Karrierewege immer noch offen standen und dass aktiv mögliche nächste Schritte mit den Kandidaten zusammen im Beratungsgespräch erörtert wurden.

Feedback von Management und Teilnehmern

Das Feedback zur Veranstaltung war durchgehend positiv – auch von der Gruppe, die nicht in den Entrepreneur-Pool aufgenommen wurde. Letztere Tatsache zeigt deutlich, wie sensibel und positiv das Management an die

Veranstaltung herangegangen ist. Positiv hervorgehoben wurde insbesondere die Win-win-Situation, bei der die Kandidaten nicht nur Leistung zeigen mussten, sondern auch im Gegenzug Beratung, aber auch anregende Gastredner und Teambuilding erhielten. Für das Management war die Erfahrung ebenfalls bereichernd, denn über die bereits genannten Aspekte hinaus gab es die Gelegenheit, Business-Unit-übergreifend Kandidaten kennenzulernen, die selbst, wenn sie nicht für Geschäftsführungen geeignet schienen, für die ein oder andere Aufgabe in einer anderen Business Unit sehr wohl eine interessante Begegnung waren.

Verbesserungsvorschläge sahen die Kandidaten darin, mehr Teambuilding zu machen und noch mehr Möglichkeiten zum informellen Gespräch nach den Beobachtungen zu bieten.

Nachsorge

Nach der Veranstaltung gab es intensive Gespräche der Veranstaltungsleitung von HR mit den lokalen HR-Verantwortlichen und den Vorgesetzten. Weiter gab es im Nachgang der Veranstaltung in einigen Fällen Gespräche mit den Kandidaten über neue Stellen oder Erweiterungen der bereits gehaltenen Position, damit Anforderungslücken »on-the-job« ausgeglichen werden konnten, denn die Veranstaltung selbst hatte – ähnlich wie bei Assessment-Centern – eher Persönlichkeit und Sozialverhalten zum Gegenstand, nicht aber fachliche Kenntnisse, denn diese werden als »erlernbar« gewertet.

In einem Fall konnte bereits nach vier Wochen eine neue Stellenbesetzung für eine Kandidatin angestoßen werden. Ein weiterer Kandidat wurde in einer Expertenlaufbahn befördert. Eine andere Kandidatin ist derzeit dabei, ihren MBA zu absolvieren, und genießt während dieser Zeit ein Mentoring, in dem neue Erkenntnisse reflektiert und die Entwicklung gezielt begleitet werden sollen. Da die Veranstaltung erst kürzlich stattgefunden hat, können weitere Ergebnisse noch nicht angeführt werden.

Fazit und Ausblick

Ob die richtigen Auswahlentscheidungen an den Entrepreneur Days getroffen worden sind, lässt sich mit letzter Sicherheit erst nach einigen erfolgreichen Stellenbesetzungen und Geschäftsjahren langfristig feststellen.

Kurzfristiger Erfolg ist dennoch die gelungene Zusammenarbeit von Entscheidungsträgern der verschiedenen Business Units und der dadurch entstandene Wissensaustausch sowie auf der Seite der Kandidaten die

Chance, für einen anderen Bereich entdeckt zu werden, selbst in den Fällen, in denen sich keine Eignung für Geschäftsführungen feststellen ließ. Mittelfristig ist die Veranstaltung ein HR-Baustein zum erfolgreichen Aufbau unternehmerischer Kompetenzen im eigenen Unternehmen. Sicherlich ist diese Maßnahme alleine nicht ausreichend, um flächendeckende Veränderungen hervorzurufen oder einen Wandel der Unternehmenskultur zu mehr Unternehmertum im Unternehmen zu bedingen. Vielmehr stellt sich die Veranstaltung in eine Reihe von Maßnahmen, die eine Kultur der Eigenverantwortlichkeit innerhalb des Konzerns stärken sollen.

Ein neuer Termin für eine Folgeveranstaltung mit anderen Kandidaten ist bereits in der Planung.

Literatur

Albach, H. (1998). *Unternehmensgründungen in Deutschland - Potentiale und Lücken, Discussion Paper FS IV 98-1*. Wissenschaftszentrum Berlin.

Hartenstein, M., Billing, F. & Schawel, C. (2006). *Karriere machen: Der Weg in die Unternehmensberatung 2006/2007. Consulting Case Studies erfolgreich bearbeiten.* Wiesbaden: Gabler.

Lang-von Wins, T. (2003). *Der Unternehmer. Arbeits- und organisationspsychologische Grundlagen.* Berlin: Springer.

Malek, M., Ibach, P. K. & Ahlers, J. (2004). *Entrepreneurship. Prinzipien, Ideen und Geschäftsmodelle zur Unternehmensgründung im Informationszeitalter.* Heidelberg: Dpunkt Verlag.

Menzies, C. (2004). *Sarbanes-Oxley Act. Professionelles Management interner Kontrollen.* Stuttgart: Schäffer-Poeschel.

Wottawa, H. & Hossiep, R. (1987). *Grundlagen psychologischer Diagnostik.* Göttingen: Hogrefe.

Autorenverzeichnis

Rüdiger Freiberg, ist für die Stadtverwaltung Lünen tätig. Der studierte Kommunalbeamte hat seit mehr als zwei Jahrzehnten Erfahrungen im Personalmanagement erworben. Zunächst war er als freigestelltes Mitglied des Personalrates, anschließend als Ausbildungsleiter und stellvertretender Leiter des Personalamtes Lünen tätig. Seit 1998 ist Herr Freiberg im Steuerungsdienst der Stadtverwaltung Lünen, auch hier ist sein Aufgabenschwerpunkt bislang das Personalmanagement. E-Mail: Ruediger.Freiberg.03@luenen.de

Prof. Dr. Andreas Gourmelon, geb. 1966, hat Psychologie (Diplom) an der Universität Erlangen-Nürnberg und Wirtschaftswissenschaften (Diplom) an der Fernuniversität Hagen studiert. Er ist seit 1998 Professor an der Fachhochschule für öffentliche Verwaltung Nordrhein-Westfalen, Abteilung Gelsenkirchen. Schwerpunkte in der Lehre sind Veranstaltungen zum Personalmanagement, zur Organisation und zur Optimierung von Sozial- und Managementkompetenzen. Seine Forschungsaktivitäten konzentrieren sich auf Themen aus dem Bereich Personalmanagement, hierzu auch zahlreiche Veröffentlichungen. Die Verwaltungspraxis kennt Prof. Gourmelon aus einer fünfjährigen Tätigkeit als Referent in der Bundesagentur für Arbeit und vielen Praxisprojekten. Für zahlreiche Institutionen des öffentlichen Sektors ist Prof. Gourmelon als Trainer und Berater tätig. E-Mail: dr.andreas.gourmelon@arcor.de

Dipl.-Psych. Maren Hiltmann ist Beraterin bei der Firma eligo GmbH. Sie absolvierte ihr Studium der Psychologie mit den Schwerpunkten Arbeits- und Organisationspsychologie, Eignungsdiagnostik und Evaluation in Bochum und an der University of Georgia, Athens, USA. Nach Erfahrungen als Personalentwicklerin im Finanzdienstleistungsbereich arbeitet sie seit 2003 als Beraterin bei der eligo GmbH Bochum. Ihre Aufgaben umfassen die Bereitstellung und Entwicklung von web-basierten Verfahren für die Bereiche Personalauswahl und -entwicklung sowie Personalmarketing. Zurzeit promoviert sie nebenberuflich an der Universität Wien zu veränderten Anforderungen und Rollen von Führungskräften im Hochschulbereich. Sie ist ferner Projektmitarbeiterin im Bereich Bildungsmanagement des Zentrums für Lehr-, Lern- und Bildungsforschung der Universität Erfurt. Ihre Arbeitsschwerpunkte sind Personalauswahl und -entwicklung, Bildungsmanagement, Anforderungen an pädagogisches Führungspersonal und Evaluation.

Prof. Dr. Stephan Gerhard Huber ist Leiter des Instituts für Bildungsmanagement und Bildungsökonomie (IBB) der Pädagogischen Hochschule Zentralschweiz (PHZ), Zug. Zuvor war er Professor für Bildungsmanagement und Leiter der Forschungsgruppe Bedingungen schulischer Lernprozesse und deren Förderung sowie stellvertretender Direktor des Zentrums für Lehr-, Lern- und Bildungsforschung der Universität Erfurt, dessen Mitglied er noch ist. Im Jahr 2006 vertrat er den Lehrstuhl für Empirische Bildungsforschung an der Universität Würzburg. Er ist Honorary Research Fellow der School of Education in der Faculty of Humanities, University of Manchester. Seine Arbeitsschwerpunkte sind Organisationspädagogik, Systemberatung, Bildungsmanagement, Schulqualität, Schulentwicklung, Schulmanagement, Professionalisierung von Lehrkräften und von pädagogischem Führungspersonal und international vergleichende Bildungsforschung. Er publiziert in einschlägigen deutschsprachigen wie internationalen Buchreihen und Fachzeitschriften und hält Vorträge bei Fachtagungen oder auf Einladung im In- und Ausland und organisiert seit mehreren Jahren die Fachtagungsreihe »International Seminar« und das »Schulleitungssymposium«.

Christine Kirbach ist Branch Managerin bei der Firma eligo GmbH. Nach ihrem Studium der Psychologie mit dem Schwerpunkt Arbeits-, Betriebs- und Organisationspsychologie in Bonn, Wien und Bochum war sie als Assistentin der Geschäftsleitung bei der Fa. Schuhfried in Mödling tätig. 1999 ist sie zur eligo GmbH gewechselt und dort verantwortlich für den Bereich eAssessment, eSolutions und Projektorganisation. In dieser Funktion begleitete sie in den letzten Jahren viele Projekte in der privaten Wirtschaft. Frau Kirbach ist Autorin und Mitautorin verschiedener Publikationen rund um das Thema Human Ressource Management. Als ausgebildeter Coach und Transaktionsanalytikerin (i. A.) liegen weitere Schwerpunkte im Training und Coaching. E-Mail: christine.kirbach@eligo.de

Kerstin Koch ist HR-Managerin für die Region EMEA bei der Bayer MaterialScience AG. 2002 ist sie in den Bayer-Konzern eingetreten und war für verschiedene Geschäftsfelder als Personal- und Organisationsentwicklerin tätig. Seit 2004 arbeitet sie im Teilkonzern und war zunächst für die internationale Einführung und Weiterentwicklung eines neuen Talent Managementsystems und den Nachfolgeplanungsprozess verantwortlich. Darüber hinaus war sie für die HR-Prozesse bei Start-up-Gründungen und die Implementierung von Personalprozessen in Asien zuständig. Vor ihrem Einstieg in den Konzern war sie in einer Unternehmensberatung tätig. Ihre Abschlüsse in Psychologie und Wirtschaftswissenschaften erhielt sie von der Ruhr-Universität Bochum und der University of Auckland. Ihre Coaching-Ausbildung erhält sie gerade in Ashridge.

Prof. Dr. Michael D. Mroß, Dipl.-Kfm., Studium der Wirtschaftswissenschaft, Promotion zum Dr. rer. pol., Professur für Öffentliche Betriebswirtschaftslehre an der Fachhochschule für öffentliche Verwaltung NRW. Professor Mroß verfügt über eine mehrjährige Praxiserfahrung als Abteilungsleiter Personal in einem Unternehmen mit rd. 1500 Mitarbeitern sowie als Unternehmens- und Organisationsberater im öffentlichen und privaten Non-Profit-Sektor. Darüber hinaus nimmt Prof. Mroß Lehrbeauftragungen an Fachhochschulen und Universitäten wahr. Praxisorientierte Tätigkeitsschwerpunkte liegen im Bereich des Personalmanagements, Arbeitsrechts und Organisationsfragen. Theoretische Forschungsschwerpunkte liegen insbesondere in der Institutionenökonomie und dem Neo-Institutionalismus. Kontakt: Fachhochschule für öffentliche Verwaltung NRW, Abteilung Gelsenkirchen, Studienort Dortmund, Hauert 9, 44227 Dortmund; E-Mail: michael.mross@versanet.de

Dr. Herbert Schaaff, verheiratet, vier Kinder. Studium der Wirtschaftswissenschaft an der RWTH Aachen; wissenschaftlicher Angestellter an der RWTH (Promotion in Volkswirtschaftslehre). Von 1991 bis 1996 war er im Mannesmann-Konzern beschäftigt. Seit 1997 ist Dr. Schaaff bei der Deutschen Telekom in verschiedenen leitenden Funktionen im Personalbereich tätig und seit Oktober 2004 Geschäftsführer Human Resources bei der T-Systems Enterprise Service GmbH in Frankfurt am Main.

Prof. Dr. Helmut Schnellenbach, geb. 1937, war nach dem Studium der Rechtswissenschaft in Bonn und Köln (1957 bis 1960), der Promotion in Köln (1963), dem juristischen Vorbereitungsdienst (1960 bis 1964) und Ablegung der zweiten juristischen Staatsprüfung hauptsächlich im Justizdienst des Landes Nordrhein-Westfalen (Landgericht Essen, Verwaltungsgericht Gelsenkirchen, Oberverwaltungsgericht für das Land Nordrhein-Westfalen) tätig. Von 1978 bis 2001 war er Präsident des Verwaltungsgerichts Gelsenkirchen. Im Jahr 1981 wurde er zum Honorarprofessor an der Ruhr-Universität Bochum ernannt. Buchveröffentlichungen: Beamtenrecht in der Praxis, 6. A. (2005); Die dienstliche Beurteilung der Beamten und

Richter, 3. A. (2000, Losebl.). Mitautor einer Reihe von Werken zum Verwaltungsrecht.

Dr. rer. pol. Klaus Schuberth, geb. 1959 in Nürnberg, Dipl.-Volkswirt, Studium der Volkswirtschaftslehre an der Universität Erlangen-Nürnberg und der Verwaltungswissenschaften an der Deutschen Hochschule für Verwaltungswissenschaften, Speyer. Promotion an der Universität Bayreuth. Seit 1988 ist er bei der Bundesagentur für Arbeit; verschiedene Funktionen auf Ebene der Arbeitsagentur und in der Zentrale. Seit 2004 ist Herr Schuberth Mitglied der Geschäftsführung der Regionaldirektion Bayern. E-Mail: Klaus.Schuberth@arbeitsagentur.de

Jane Unger (Diplomphilosophin, Betriebswirtin VWA) ist Fachbereichsleiterin Organisation und Personalservice der Stadt Halle (Saale). Nach ihrem Studium arbeitete sie zunächst als freie Trainerin und Beraterin. Von 1996 bis 2000 war sie Referentin und Pressesprecherin im Regierungspräsidium Halle. Nach ihrem Wechsel zur Stadt Halle leitete sie zunächst den Fachbereich Zentrale Steuerung/Büro der Oberbürgermeisterin. Sie wirkte federführend bei der Umstrukturierung, der Haushaltskonsolidierung sowie der Einführung eines Ratsinformationssystems mit. Arbeits- und nebenberufliche Beratungsschwerpunkte bilden die Steuerung von Veränderungsprozessen sowie Teamentwicklung und Kommunikation. E-Mail: jane.unger@halle.de

Prof. Dr. Heinrich Wottawa ist seit 1977 Inhaber des Lehrstuhls für Methodenlehre, Diagnostik und Evaluation an der Fakultät für Psychologie der Ruhr-Universität Bochum, derzeit zu 50 % beurlaubt. Schwerpunkte sind Arbeiten zu Recruiting und Potenzialanalyse sowie zur Personal- und Organisationsentwicklung. Die konkrete Umsetzung der konzeptuellen Entwicklungen für die Praxis erfolgt im Bereich der Eignungsdiagnostik vor allem durch die Tätigkeit als geschäftsführender Gesellschafter der Fa. eligo GmbH, für die Personalentwicklung in seiner Funktion als Leiter des Bereiches Wirtschaftspsychologie der Akademie der Ruhr-Universität gGmbH.

Nach ihrem Studium der Psychologie und Pädagogik an der Ruhr-Universität Bochum war **Barbora Zimmer** als Projektleiterin bei einem großen amerikanischen Unternehmen verantwortlich für die Personalentwicklung. Dort etablierte sie verschiedene Nachwuchsförderprogramme und war in

Change-Prozesse des Unternehmens eingebunden. An der Akademie der Ruhr-Universität entwickelte und etablierte sie Management-Programme im Gesundheitssektor und war maßgeblich an der Konzeption und Umsetzung eines weiterbildenden Studiums für die Deutsche Bank beteiligt. In ihrer derzeitigen Funktion als Beraterin der eligo GmbH beschäftigt sie sich mit der Entwicklung und Umsetzung psychologisch fundierter diagnostischer Instrumente in der Personalarbeit. Neben dieser Tätigkeit lehrt sie an der Fachhochschule Hessen und führt Trainings und Schulungen zu unterschiedlichen psychologischen Themen durch. Frau Zimmer ist Diplom-Psychologin und absolviert derzeit die Ausbildung zur Psychologischen Psychotherapeutin.